우울한 여성의
부부문제
이것이 원인이다

우울한 여성의
부부문제
이것이 원인이다

인지-대인관계 접근을 중심으로

▌장문선 지음

KSi 한국학술정보㈜

서문

　오늘날 우리 사회의 가족구조는 과거의 제도적 결혼에서 우애적 결혼으로 변천해 가고 있다. 부부 관계 또한 결혼생활의 안정성을 유지하는 과거의 소극적 측면에서 한 걸음 더 나아가 부부간의 애정, 적응, 조화 및 결혼 만족도 등을 추구하는 적극적인 방향으로 변해 가고 있다. 이런 변화로 인해 부부관계는 다른 어떤 가족성원 간의 관계보다 더 중요한 의미를 갖게 되었다. 부부는 가족구성의 핵심으로서 가장 밀접하고 지속적인 전인격적 관계라 할 수 있으며, 부부간의 상호작용이 원만하고 만족스러워야 가족 또한 안정성을 유지할 수 있다. 임상 장면이나 상담 장면에서도 과거에 비해 부부문제를 호소하며 결혼생활의 갈등과 문제로 전문가를 찾는 사람들이 증가하면서 치료적 요구 또한 증가하는 추세이다. 특히 부부문제로 전문가를 찾는 사람들 중 우울한 사람들이 차지하는 비중이 늘어나면서 자연히 결혼 만족도와 우울증상과의 관계에 대한 관심은 증가하였다. 특히 우울한 남성보다 우울한 여성이 부부관계의 질과 결혼 만족도가 현저히 떨어진다는 연구 결과로 인해 우울한 여성의 결혼 만족도 연구에 더 비중을 두게 되었다.

우울한 여성의 결혼 만족도를 저해시키는 주된 변인을 탐색한 선행연구들은 인지적 및 대인관계적 측면을 강조하였다. 다시 말하면 우울한 여성은 부부관계에서 부정적인 생각에 사로잡히게 되고, 배우자와의 관계에서도 역기능적 의사소통 및 상호작용 패턴을 나타냄으로써 결혼생활 전반에서 부적응과 갈등이 야기된다고 보았다. 이런 관점에서 인지적 변인으로 역기능적 태도와 대인관계적 변인으로 부정적인 부부 의사소통패턴을 많이 연구하게 되었다.

우울한 여성이 나타내는 역기능적 인지와 부정적 부부 의사소통 패턴의 원인을 설명하기 위해 최근에는 그 원인으로 애착을 강조하는 인지 - 대인관계 통합접근을 시도하는 연구들이 많다. 즉 유아기에 형성된 양육자와의 부정적 애착 경험은 내적 작동모델을 통하여 자신과 타인에 대해 지속적으로 부정적인 인지표상을 형성한다고 가정한다. 이 인지표상은 배우자가 자신을 거부할 것이라고 예상하도록 하고 자신은 사랑받을 가치가 없다는 잘못된 생각을 확신시키는 방향으로 행동하게끔 유도한다.

이런 맥락에서 본 저에서는 기혼여성의 결혼 만족도와 우울증상과의 관계를 인지 - 대인관계 접근에서 다음과 같이 보다 구체적으로 검토해 보았다. 즉 애착수준, 역기능적 태도, 부부 의사소통패턴, 우울 및 결혼 만족도와의 관계를 살펴보고, 이런 변인들이 결혼 만족도에 미치는 상대적 설명력을 살펴보았다. 또한 인지 - 대인관계 접근에서 변인들의 양적인 구조적 관계를 검토하기 위해 애착수준, 역기능적 태도, 부부 의사소통패턴, 우울 및 결혼 만족도와의 관계를 구조방정식을 이용하여 모형화하고 그 적합성을 검토해 보았다. 마지막으로 치료적 개입을 통해 인지－대인관계 접근의 이론적 가정이 실제 임상장면에서도 타당한지를 검토해 보았다. 본 저의 내용들이 기혼여성의 결혼 만족도와 우울 증상과의 관계를 이해하고 예측하는 틀을 제공해 줌으로써, 부부문제 이해와 치료에 새로운 접근을 시도하는 데 하나의 밑거름이 되기를 간절히 희망한다.

최선을 다해 집필하였다고 생각하지만 너무나 미흡한 점이 많아 아쉬움을 느끼면서 이 책을 출간하게 되었다. 학위논문에 기반을 둔 이 책을 출간하도록 격려해 주신 분들의 조언대로, 아직은 삶의 지혜들을 아우를 수 있는 경험이 일천한지라, 거의 원 논문의 틀을 손상시키지 않는 방향에서 약간의 수정만을 하였다.

너무나 부족한 책이지만, 이 책을 심리학이란 학문을 평생 사랑하게 하고 그 길로 나아가도록 하신 아버지, 어머니에게 바치고 싶다. 실제로 학자로서도 가장 존경하는 두 분인 영남대학교 심리학과의 명예교수이신 장현갑 선생님과 대구가톨릭대학교 심리학과 교수였던 故 정방자 선생님이 계시지 않았다면 심리학이란 길도, 심리치료와 임상이라는 길도 결코 시작되지도, 지속되지도 못하였을 것이다. 지면을 빌어 감사함과 존경함을 표함과 동시에 아직 학자로서, 임상가로서 많이 부족하지만 이분들을 모델로 하여 더더욱 성실히 살아갈 것을 다시 한 번 다짐해 본다.

또한 경북대학교 심리학과의 곽호완 선생님께 진심으로 감사드린다. 학자로서 너무나 열정적인 모습을 보여 주시기에 게을러질 수가 없다. 인간적인 배려와 조언도 너무나 감사하다. 항상 힘이 되어 주시는 존경하는 경성대 교육학과의 천성문 선생님께도 감사드린다. 늘 상담자로서, 교육자로서, 학자로서 모범을 보여 주시는 분이다. 영남대학교 병원 정신과의 배대석 선생님은 늘 학문적으로 교류하고, 조언을 주시고, 제자들에게 임상가의 길을 열어 주시는 분으로, 동학의 끈끈한 우정을 보여 주신다. 너무나 감사하다. 저서의 편집과 궂은 일을 떠맡아 준 경북대 심리학과 박사과정의 우상우 선생에게도 미안하고 감사하단 말을 전한다.

늘 묵묵히 힘이 되어 주는 나의 남편과 사랑하는 두 딸 지수, 예준, 그리고 바쁜 엄마를 대신해 늘 엄마의 자리를 굳건하게 채워 주는 이모에게 감사의 마음을 전한다. 이들은 내가 살아가는 이유이자 행복의 원천이다. 새로운 가족이 되어 주시고, 늘 격려와 사랑을 주시는 사랑하는 어머니와 심리학의 길에 동참한 동생 미수에게도 감사의 마음을 전한다. 형제애와 가족 사랑을 늘 보여 주고 의지하고 사랑하며 살아가는 언니와 남동생, 그리고 윤아에게도 감사의 마음을 전한다.

끝으로 이 책이 나오기까지 도움을 주신 많은 분들과 한국학술정보(주) 채종준 사장님과 이주은 님께 진심으로 감사의 말씀을 전한다.

2009년 3월에 경북대 연구실에서
장문선

차 례

I

들어가면서

사랑의 잔을 마시게 하는 어리석은 본성
그것에 독이 있는지 당신이 알지라도……

— Edgar Lee Masters(Spoon River Anthology)

I

들어가면서

행복한 결혼이란 어떤 것일까? 그리고 건강한 부부관계의 특징
은 어떠한 것일까? 우리 모두는 행복한 결혼을 꿈꾸며, 사랑하고
사랑받는 아름다운 관계를 희망한다. 인간은 부부관계 속에서 삶의
가장 깊은 친밀감, 즉 우정과 위안, 격려와 지지, 신뢰와 배려를
경험한다. 그러나 이와는 극단적인 반대의 감정, 즉 분노와 미움,
실망과 좌절, 배신과 상실감 등 우리가 인간관계에서 경험할 수
있는 가장 큰 상처를 경험할 수도 있다. 부부의 구성원이 되는 것
은 놀랄 만한 개인적 성장과 자각에 이르게도 하고, 이 같은 관계
가 실패할 경우에는 치명적인 상처를 경험하게도 된다. 아마도 이
만큼 우리에게 도전적이고 그만한 가치를 지닌 강력한 힘을 가진
관계는 없을 것이다. 그렇다면 부부관계는 우정 혹은 일반적인 가
족관계와 어떤 점에서 차이가 있을까?

Bubenzer와 West(1992)는 다음의 여섯 가지 특징이 여타의 관계
와 부부관계 간의 핵심적인 차이라고 설명하였다. 첫째, 부부관계

는 자발적이며, 양측은 결혼이 반드시 필요하다고 인식하지는 않는다. 둘째, 부부관계는 안정과 성장의 균형을 포함한다. 관계를 건강하게 유지하기 위해서 예측 감각과 안정감이 있어야 하나 새로움과 유연성도 있어야 한다. 셋째, 부부관계는 과거, 현재, 미래를 가지고 있다. 부부관계는 과거의 경험과 미래에 대한 계획의 연속선상에 있다. 부부는 추억에만 의존할 수 없으며 현재 관계를 신선하게 유지하고 미래 목표를 발전시켜야 한다. 넷째, 부부가 된다는 것은 두 사람의 관점과 삶의 역사를 병합하는 것을 의미하며, 다른 가치관과 세계관을 합치는 것을 의미한다. 부부관계는 모든 것을 협의해야 하는 관계이다. 다섯째, 부부의 한 부분이 된다는 것은 지지를 주고받음을 의미한다. 또한 지지를 받는 것도 요구한다. 관계는 상호 호혜적이어야 한다. 여섯째, 부부관계는 각자 분리된 정체성과 개성을 유지하지만, 때로는 부부를 위해 그러한 정체성을 제쳐 두는 능력을 요구한다.

Beavers(1985), Sperry와 Carlson(1991)에 따르면 건강한 부부의 특성에는 다음과 같은 것들이 해당된다고 한다. 첫째, 절대적인 것보다 상대적인 진실에 대한 믿음이 그것이다. 어떤 관계에서도 한 사람의 진실에 대한 설명은 다른 사람의 관점을 위해 여지를 남겨 두어야 한다. 부부관계에서 "자녀양육에 있어 나의 방식은 옳고 당신의 방식은 틀렸다."라는 것은 절대적인 진실을 믿는 한 예이다. 즉 건강한 부부들은 두 사람이 같은 상황에 대해 다른 견해를 가질 수 있음을 이해한다는 것이다. 부부가 이러한 관점을 가질 때, 배우자는 자신의 견해를 받아들이도록 항상 다른 배우자를 바꾸려고 시도하지 않으며, 그 대신 경청하고 이해하려고 할 것이다. 둘째, 배우자가 좋은 동기를 가지고 있음을 가정한다. 건강한 부부는 배우자를 존중한다. 그들은 배우자를 적으로 가정하지 않으며, 다른 사람의 짜증 나는 습관을 자신을 향한 것으로 가정하지도 않는다. 셋째, 차이는 해결될 것이라는 신념을 갖는다. 헌신적인 부부는 관계가 롤러코스터와 같음을 이해한다. 그들은 화나거나 의견이 일치하지 않거나 소원해진 순간에도 당황하지 않고, 사소한 차이를 해결하거나 긴장을 완화시키기 위해 제3자를 찾지도 않는다. 그들은 관계의 과정 속에서 문제를 고칠 수 있다는 신념을 갖고 있다. 넷째. 사랑은 마주 보는 것이 아니라 같은 곳을 바라보는 것이라 하듯이, 건강한 부부는 종종 그들 자신보다 더 큰 믿음이나 사명을 공유한다. 이것은 종교적, 정치적 지향성이나 가족의 지향성일 수 있다. 다섯째, 건강한 행동을 실행한다. 부부치료자들은 문제와 갈등을 고찰하는 것 외에도 건강한 부부의 행동을 인지할 수 있어야 한다. 이러한 행동은 학습 될 수 있고, 만일 이미 이루어졌다면 그것은 부부가 바라는 변화를 지지하는 데 사용될 수 있다.

누구나 건강한 부부관계를 희망하지만 이러한 행복하고 건강한 부부관계가 이루어지지 않는 이유는 무엇일까? 우리가 행복한 결혼생활을 원하지 않아서인가? 결혼생활에 부정적 기류의 조짐이 일어나기 시작하였을 때 되돌리기 위해 부단히도 애를 쓴 경험이 있었을 것이다. 그러한 노력이 효과적이었는가? 그렇지 않다면 마치 늪에 빠진 것처럼 헤어 나오려고 하면 할수록 점점 더 수렁으로 빠져들게 되었는가?

우리가 어떤 사람이 병리적이라고 할 때, 이것을 판단하는 매우 중요한 지표 중 하나는 자신이 간절히 원하는 것과는 상반되는 결과를 얻게 되는 행동을 부지불식간에 지속하는 것이라고 한다(이동식, 1983). 예컨대, 자식에게 지나치게 헌신하며 사랑을 원하는 홀어머니가 며느리를 홀대함으로써 결과적으로는 자식과 멀어지게 되는 것, 남편을 독점하고자 하는 욕구가 너무 강하여 지나치게 통제하고자 한 결과 부부 사이가 멀어져 버리는 것 등이 이러한 병리성에 해당되는 것이다. 마찬가지로, 우리가 행복한 결혼생활을 위해 지나치게 매달리고 있는 어떤 측면이 이와 같이 역기능적이고 병리적이라면 그 원인은 어디서 찾을 수 있을까? 그 열쇠는 어디에 있을까? 그 이유를 안다면 좀 더 지혜롭게 부정적 기류에 휩쓸리지 않고 각자의 고유성과 정체성을 지키면서도 존중하고 배려하는 본래 소망하였던 행복한 부부관계를 영위할 수 있지 않을까?

우리가 삶을 살아가면서 성격 형성 및 변화를 일으키게 하는 가장 중요한 경험들은 대략 세 가지 정도로 가정해 볼 수 있을 것이다. 그 세 가지 경험 중 첫 번째는 유아기에서 초기 아동기 동안 부모나 일차가족과 형성하는 관계의 성격에 의한 것이며, 두 번째는 학령기 동안 경험하는 교우관계나 교사와의 관계와 관련되며, 세 번째는 결혼에 의한 배우자 및 새롭게 맞이한 가족들과의 관계에 의한 것이라 할 수 있다. 그러나 서로 다른 것처럼 보이는 이 세 가지 경험의 본질은 실상 첫 번째 경험에 의해 좌우되는 것임을 우리는 잘 알지 못한다. 특히, 배우자를 선택하고, 서로 사랑하면서도 미워하고, 미워하면서도 헤어질 수 없는 그 설명할 수 없는 복잡하고 미묘한 감정들에 초기 감정양식들과 인지양식들이 녹아들어 있다는 점을 명확히 지각하지 못한다. 그러나 여러분들도 배우자와의 관계 속에서 경험한 갈등의 색조가 과거 부모와의 관계 속에서 경험하였던 그것과 유사하다는 점, 뭔가 익숙하면서 헤어 나올 수 없는 감정이라는 것을 어렴풋이 느껴보았을 것이다. 그런 경험이 들 때 여러분은 아마도 이제는 성인이 되었음에도 불구하고 의존심과 적개심의 양 극단적 감정의 연속선상에서 부모와 관계하였던 상처받은 어린 아이가 내면에서 아우성치고 있다는 것을 느껴 보았을 것이다.

프로이트가 오이디푸스 콤플렉스(oedipus complex)로 기술한 바와 같이, 남성은 여성에게서 태어나며 최초로 보살펴 주는 사람도 어머니나 어머니를 대신할 여성이다. 따라서 남성에게서 첫 번째로 각인되는 대상은 여성이다. 때문에 유아기나 아주 어릴 때의 남성은 강력한 본능, 감정, 감수성에 의해 충분히 그러한 감정을 이해할 만한 '자아(ego)'가 확립되기 이전에 어머니에게 밀착되게 된다. 이 같은 애착은 극도의 의존에 기인한다. 이러한 극단의 의존과 애착을 조율하는 방식은 일차적으로는 어머니와의 관계, 그리고 어머니와 나와의 관계에 끼어드는 동성 부모의 특징들에 따라 달라진다. 따라서 모든 심리장애는 이러한 의존과 사랑의 좌절 혹은 충족의 다양한 방식에서 비롯될 수 있다(Saul. 1979).

따스하게 돌보아 주고, 음식을 제공해 주고, 깨끗이 씻겨 주고 재워 주며 건강을 걱정해 주는 어머니의 변함없는 신체적 보살핌이 없다면 아기의 생명은 유지되지 못할 것이다. 이 같은 보호를 받고 있다는 확신은 어머니가 신체적으로, 또한 말로 표현하는 사랑에 대한 확신과 직결되는 것이다. 자신에게 그토록 강력한 영향력을 발휘하고 자신의 정서적 삶 전체와 생존의 유일한 기반이 되는 사랑을 주는 여성과 무력한 아이가 가지게 되는 첫 번째 관계가 여성과의 관계에 대한 남성의 기본적인 틀을 형성한다. 게다가 아무리 어머니가 거부하고 좌절시키고 학대하고 냉담했든 간에 이 관계가 '애정관계'의 핵심이 되는 것이다. 이런 경우, 남성은 여성에 대한 적개심과 증오를 표출하는 방식으로 관계를 형성한다. 어머니가 아들을 키운 방식은 아들이 미래에 갖게 되는 모든 여성과의 관계양식의 심층에 깔렸다. 남성은 어머니와 가진 이러한 초기 관계를 모든 여성에 대해서도 반복하는 경향이 있다. 연애관계이든 결혼관계이든 조만간 남성은 여성 속에서 어머니를 찾게 되고 이로 인하여 A와 B의 관계에서 A와 A의 어머니의 관계가 무의식적으로 재현되는 것이다.

여성 역시 어머니로부터 태어나고 어머니로부터 형성되었던 양식은 일생동안 숙명적인 영향을 미친다. 어머니에 대한 양식은 평생 지속되게 되고, 남편에 대한 태도에도 크게 영향을 미치지만, 일찍이 아버지와 안정되고 원만한 관계를 유지한 경우는 그 영향력이 훨씬 완화된다. 남성과 마찬가지로 초기 어머니와 형성한 관계의 양상과 여기에 개입되는 아버지라는 존재의 특성, 아버지와 어머니와의 관계양상을 관찰한 경험 등이 복합적으로 남성에 대한 인지적, 정서적 태세를 형성하게 만든다.

상기한 바와 같이 초기 애착의 형태가 부부관계에서 재현되고 있다는 측면을 극명하게 보여 주는 다음의 사례를 살펴보자.

A 씨는 36세의 주부이며, 상담센터를 찾게 된 이유는 반복되는 남편의 구타와 욕설에 피폐해진 마음을 추스르기 위한 것이었다. A 씨의 남편은 약 10년 동안 음주 후 아내에게 경멸적인 욕설을 퍼붓거나 되는 대로 폭력을 가하고 있는데, A 씨는 이에 어떠한 저항도 하지 못하고 있었고, 그런 자신의 모습이 한심하면서도 정작 이혼을 결정하지는 못하고 있는 상태였다.

유순하고 자기주장을 잘하지 못하고 내성적이었던 남편은 원래 술이나 담배를 하지 않았고 가정적이었다고 한다. A 씨는 어렸을 때부터 음주 후 일어났던 자신과 어머니에 대한 아버지의 무차별적인 폭력에 시달렸던 터라 남편의 이러한 가정적이고 따뜻한 성격에 이끌려 결혼하게 되었다.

A 씨의 남편은 무능력한 아버지와 드센 어머니 밑에서 자라 제대로 기를 펴보지 못하였다고 한다. 어머니는 경제적 무능력에 대해 늘 아버지를 주눅 들게하였고 무시하였으며, 아버지는 이러한 아내의 행동에 평소에는 참았다가 한 번씩 폭주를 하고는 귀가하여 잡히는 대로 물건을 집어던지는 행동을 하여 상황을 더욱 악화시켰다고 한다. A 씨의 남편은 이러한 아버지처럼 살지 않겠노라 수차례 다짐을 하였다고 하며 무능한 아버지를 지나치게 무시하는 어머니에게 질린 터라 A 씨의 순종적이고 여성적인 측면에 마음이 끌려 결혼을 하게 되었다.

신혼 2년 동안은 별다른 갈등 없이 행복한 부부관계를 유지해 오던 이들 부부에게 문제가 시작된 것은 IMF 여파로 중소기업들이 무너지던 98년으로 거슬러 올라간다. 우직하게 열심히 회사 일을 해 오던 남편은 회사의 일방적인 해고에 주장 한번 하지 못하고 퇴직금도 받지 못한 채 직장을 잃었고, 자신의 처지를 한탄하며 마시지 못하는 술을 마시고 울분에 차 귀가하게 되었다—마치 자신의 아버지의 행동을 무의식적으로 재현하듯이—.

아내에게 위로를 받고 회사에 대한 분한 마음을 표현하고 싶은 마음이 생긴 것은 당연한 일이었다. 그런 기대 속에 초인종을 눌렀을 때 인터폰으로 남편의 평소와 다른 분위기를 감지한 A 씨는 그 순간부터 이유 없이—그러나 그 근원은 초기 부모와의 관계 속에 존재한다—마음이 불안해지기 시작하였다. 남편이 들어오자 A 씨는 부산스럽게 방을 치우고는 뭔가 이야기하려고 하는 남편에게 불안하고 초조한 마음에 성마르게 계속해서 들어가서 잘 것을 요구하였다. 남편은 아내와 많은 이야기들을 하고 싶었으나 A 씨는 알 수 없는 제어할 수 없는 공포감이 자신을 압도하고 있음을 느끼면서 남편의 요구를 거절하였다. 이때 남편 또한 알 수 없는 아내에 대한 분노감과 적개심이 끓어오르는 것을 느끼게 되었고 무시받는 것 같은 매우 친숙한 감정—어머니에게서 느꼈던—이 자신을 압도하고 있음을 느꼈다.

화가 난 남편은 식탁 위에 있던 화병을 집어던졌고 ― 마치 자신의 아버지가 울화가 치밀 때 물건을 집어던진 것처럼 ―. 화병이 깨지는 요란한 소리가 나는 순간 A 씨는 자신도 모르게 남편에게 무릎을 꿇고 덜덜 떨면서 잘못을 빌었다 ― 아마도 A씨는 이런 일 뒤에 어떠한 폭력이 뒤따를지 알고 있는 것처럼 행동하였는데, 이 또한 과거 아버지의 어머니에 대한 폭력을 예상하는 무의식적이고 자동적인 반응이라 할 수 있다 ―. 황당함과 미안함 그리고 다소 승리의 쾌감을 느끼며, 남편은 아내를 일으켜 세우려 두 손을 아내의 얼굴 쪽으로 뻗었다. 그 순간, A 씨는 이제는 완전히 엎드린 자세로 남편에게 자신을 때리지 말아 달라고 빌고 있었다.

이러한 일이 있은 후 회사의 문제는 여전히 회복되지 않고 경기도 어려워 재취업이 되지 않아 2년가량 무능한 가장으로 생활하면서 남편은 아버지가 경험하였을 울분을 계속해서 곱씹게 되었고, 화가 나거나 스트레스를 경험하는 날에는 여지없이 술을 마시고 귀가하여 상처받은 자존감을 자신의 위협적인 행동에 덜덜 떨며 잘못을 빌고 애원하는 아내의 모습을 보며 병리적으로 보상하게 되었다. 점차 음주의 빈도도 늘어나고 급기야는 아내에게 손찌검을 시작하게 되었다. 이러한 문제는 해가 갈수록 강도가 더욱 심해져서 각자가 어린 시절 경험하였던 부모와의 가학 ― 피학의 묘한 관계가 부부 사이에서도 재현되고야 말았다.

위의 사례를 읽고 여러분은 나와는 전혀 상관없는 일이라 자신할 수 있는가? 이처럼 극단적인 아동기 양식의 재현이 아닐지라도 우리 모두는 부부관계에서 아동기의 내가 알지 못하는 관계의 표상과 그에 대한 생각들이 자동적으로 상대를 정하고 그와 관계하는 방식에 영향을 미치고 있음을 경험하였을 것이다.

이러한 과정을 이해하기 위한 시도로서, 인지 ― 대인관계 접근 (cognitive ― interpersonal approach)에서는 위의 사례에서처럼 유아기, 아동기에 부모와의 관계에서 형성된 애착이 어떤 방식으로 추후 우리의 관계방식에 영향을 미치게 되는지를 통합적으로 이해할 수 있는 개념적 틀을 제공해 준다. 이 접근에 따르면 유아기에 양육자와 부정적인 애착 관계를 경험했을 경우 자신과 타인에 대해 역기능적인 인지표상을 형성하게 되고 이 인지표상으로 인해 자신뿐만 아니라 타인과의 상호작용 전반에 대한 부정적 도식을 형성하게 된다. 자신 및 대인관계 전반에 대한 부정적인 도식을 형성하게 되면 다른 사람이 자신을 거부할 것이라고 예상하게 되고 이로 인해 대인관계를 회피하거나 지나치게 밀착하려고 함으로써 오히려 대인관계가 더 손상될 수 있다.

이제 저자는 본서를 통해 부부문제로 임상 및 상담전문가를 찾는 많은 사람들 중 우울한 여성이 차지하는 비중이 매우 높다는 점에 주목하여, 우울한 여성의 부부문제를 인지 — 대인관계 접근에서 규명해 보고자 한다. 이를 위해 우울증상과 결혼 만족도와의 관계를 애착 개념을 중심으로 모형화하여 그 적합성을 검증해 보고, 기혼여성 우울증 환자를 대상으로 인지 — 대인관계 접근에 근거한 치료적 개입이 실제 효과적인지를 검증한 저자의 연구를 소개하고자 한다.

Ⅱ

이론적 배경

만일 당신이 누군가를 미워한다면, 당신은 그 사람
안에서 당신의 일부인 그 어떤 것을 발견하고
미워하는 것이다. 우리 자신의 일부가 아닌
것은 아무 것도 우리를 괴롭힐 수 없다.

— H. Hesse

Ⅱ
이론적 배경

　결혼 만족도와 부부문제는 상호 관련된 다양한 요인들이 복합적으로 작용한다. 예를 들어 부부문제의 경우 여러 인구통계학적 요인(예: 자녀 수, 연령, 사회경제적 지위)과 자신 및 배우자의 정서적·행동적 특징(예: 우울, 애착, 역기능적 인지 및 대인관계 패턴)이 상호작용하여 부부갈등을 야기하거나 더 심화시키기도 한다.

　다양한 요인들 중 특히 결혼 불만족과 우울증상이 높은 관련이 있다는 것에 초점을 둔 연구들이 많이 있다. 이런 연구들은 결혼생활에 대한 불만족을 경험하는 사람들 중 우울한 사람이 차지하는 비중이 상당히 높다는 관찰에서 비롯되었다. 예컨대, Gotlib과 Whiffen(1989)은 우울증 때문에 치료를 받으러 온 여성의 절반 이상이 결혼생활에서 심각한 갈등을 경험한다고 하였다. 그리고 부부갈등을 겪는 사람들의 절반 정도가 우울을 호소하는 것으로 알려져 있다(Beach, Sandee & O'Leary, 1990). 또한 부부갈등을 겪고 있는 우울증 환자들은 치료효과가 낮을 뿐 아니라 증상의 재발률도 더 높다는 연구도 있다(Hooley & Teasdale, 1989). 이런 연구들은 부부갈등이 우울증상의 원인이건 결과이건 간에 결혼 불만족과 우울증상 간에는 밀접한 관련이 있다는 사실을 지적하고 있다. 따라서 부부갈등을 완화시키기 위해 개입할 경우 우울증상에 대한 치료적 개입을 병행하여야 효과적일 수 있다.

결혼 불만족과 우울과의 관계를 밝히려는 연구와는 달리 부부갈등을 일으키는 우울의 역할과 기제에 대한 이론적 접근을 시도한 연구들도 있다(Beck, Shaw & Emery, 1979; Joiner, 1995). 즉 우울한 사람들이 나타내는 정서적·행동적 특징들이 어떤 과정과 기제를 통해 부부문제를 일으키는지를 다룬 다양한 접근들이 있다. 이 접근들을 요약하면 다음과 같다.

첫째, 우울한 사람들이 나타내는 특징적인 인지적 역기능이 결혼 불만족을 야기할 수 있다. 둘째, 우울한 사람들은 대인관계 방식에서 타인의 부정적 피드백을 유발하는 역기능적 경향이 있다. 이로 인해 배우자와의 관계에서도 지지를 받지 못하거나 애정의 철회를 더 많이 경험할 수 있다. 셋째, 우울한 사람들이 나타내는 역기능적 인지와 부정적인 대인관계 방식은 부모와의 관계에서 경험한 초기 애착의 질적 측면과 관련이 있을 가능성이 높다. 즉 어린 시절 부모와의 관계에서 경험한 불안정성이 기억으로 내재화되면 자신 및 타인에 대한 부정적 사고에 집착할 가능성이 높다. 이런 부정적 인지표상이 대인관계에 지속적인 영향을 미칠 경우 부부관계의 질도 역시 저하될 것으로 볼 수 있다.

1. 결혼 불만족과 관련된 우울의 기제

1) 역기능적 태도와 결혼 불만족

결혼 불만족과 우울과의 관련성을 설명해 줄 수 있는 이론적 틀 중 하나는 우울증에 대한 Beck(1967, 1976)의 인지적 접근이다. 이 접근에 따르면 우울한 사람들의 가장 중요한 인지적 특징은 부정적 사고와 인지오류이다. 즉 우울한 사람들은 '부정적인 자기개념'을 가지고 있고 '환경에 대한 부정적인 해석'을 하며 '미래에 대한 비관적인 기대'를 갖는다. 이 세 가지 특징을 인지적 삼제(cognitive triad)라 하며, 이로 인해 긍정적인 정보는 차단되어 버리고 중립적이거나 부정적인 정보는 더욱 부정적으로 지각됨으로써 우울증이 야기되는 것이다.

결혼 불만족과 관련된 우울에 대한 인지적 접근도 역시 인지적 삼제와 같은 부정적 인지특성을 강조한다. 특히 결혼 불만족과 우울과의 관계를 다룬 연구들(Beck, Shaw & Emery, 1979; Kuiper, Olinger & Martin, 1988)의 결과는 대체로 역기능적 태도[1]가 우울한 사람들의 결혼 불만족을 초래하는 주된 인지적 기제임을 지적하고 있다. 다시 말하면 우울한 사람들은 역기능적 태도가 지배적이어서 결혼생활에서 경험하는 다양한 사상들을 융통성 없고 부정적으로 지각한다. 그 결과 결혼생활 전반에 대한 불만족감이 증가하

---

1) 역기능적 신념 또는 부적응적 기저가정이란 용어로 사용되기도 하는 역기능적 태도는 완벽주의적이고 당위적 논리가 지배적이며 융통성이 없는 이상주의적 신념을 의미한다. 이런 역기능적 신념은 실제 생활에서 실현되기는 어렵다.

고 사소한 문제에 대해서도 부부갈등이 유발되고 지속될 수 있다.

Weissman과 Beck(1978)은 역기능적 태도가 현저한 사람은 그렇지 않은 사람에 비해 우울증상을 나타낼 가능성이 더 높고 대인관계에 있어서도 마찰과 갈등을 쉽게 일으키는 경향이 있다고 하였다. 그리고 Kuiper 등(1988)은 역기능적 태도와 부정적인 생활사건 간의 상호작용이 우울증상을 야기하는 매우 중요한 변인임을 강조하였다. 또한 이들은 일상생활의 다양한 자극을 자신의 자존감이나 행복을 위협하는 것으로 지각하는 경향이 높다고 하였다. 따라서 역기능적 태도가 현저한 사람들은 비록 사소한 스트레스라 할지라도 장기간 누적된다면 합리적 태도를 나타내는 사람들에 비해 더 높은 수준의 정서문제와 갈등을 경험함으로써 생활 전반에 대한 만족도가 낮아질 수 있다.

이런 연구 결과들은 역기능적 태도가 생활 전반의 불만족감과 다양한 정서문제를 유발할 수 있다는 것을 지적하고 있다. 그러나 단순히 역기능적 태도만으로 부부문제를 구체적으로 이해하기는 어렵다. 따라서 우울한 사람들이 나타내는 역기능적 태도가 어떤 방식으로 부부관계의 질을 저하시킬 수 있는지를 더 자세히 검토할 필요가 있다.

Patterson과 Reid(1984)는 역기능적 태도가 부부갈등을 유발할 수 있다고 하였다. 연구자들은 부부에게 특정한 주제를 제시하고 토론하도록 함으로써 상호작용을 유도하고 각 피험자에게 토론 상황에서 일어난 자신 및 상대편 배우자의 특정 행동이 갖는 의미와 그에 대한 감정 등을 평정하도록 하였다. 연구 결과 배우자 간 평정 일치도는 50% 미만이었고 역기능적 태도가 높은 우울한 배우자는 상황을 몹시 비관적이고 자신에게 부정적인 것으로 지각하는 경향이 있었다. 더욱이 상황에 대한 이런 부정적 지각이 우울한 배우자의 결혼 만족도를 저해하는 주된 변인으로 볼 수 있었다. 이 결과는 역기능적 태도가 우울한 사람의 결혼 불만족과 관련된 중요한 인지적 기제임을 시사하는 것이다.

Kowalik과 Gotlib(1987)은 우울집단, 우울증 이외 다른 정신과적 장애가 있는 환자집단 및 정상집단을 대상으로 부부 상호작용의 특징을 비교하였다. 피험자들에게 배우자와의 상호작용에서 자신의 태도와 배우자의 반응을 평정하도록 하였다. 그 결과 우울집단은 다른 두 집단에 비해 부부 상호작용을 더 부정적으로 지각하였다. 즉 우울집단은 배우자와의 상호작용에서 긍정적 대화내용이 부족하고 부정적 대화내용이 현저하며 문제가 있는 것으로 지각하였다. 그러나 흥미롭게도 세 집단을 관찰한 연구자들은 상호작용의 특징에서 별다른 차이가 없는 것으로 평정하였다. 이 결과는 우울한 사람들은 배우자와의 상호작용에 대해 부정적 인지편향이 작용한다는 것을 지적하는 것이다.

국내에서도 우울한 사람들의 역기능적 태도가 부부문제를 일으키는 주된 인지기제임을 지지하는 연구 결과가 있다. 장문선(2003)은 내외통제성 및 역기능적 태도를 중심으로 기혼여성의 우울증상과 결혼 만족도와의 관계를 검토하였다. 연구 결과 우울한 여성은 정상집단에 비해 역기능적 태도와 결혼생활에 관한 다양한 경험에 대한 외적 통제수준은 더 높은 반면 결혼 만족도는 더 낮았다. 또한 정상집단과는 달리 우울한 여성의 경우 역기능적 태도 중 승인욕구, 완벽주의, 수행평가 요인이 결혼 만족도와 유의미한 부적 상관을 보였다. 이런 결과는 우울한 여성은 배우자에게 지나친 인정과 지지를 기대하며 배우자가 자신의 행동을 어떻게 평가하는지에 대해 지나치게 예민하여 늘 좋은 평가를 추구하는 경향이 있음을 시사한다. 자신, 배우자 및 부부관계 전반에 대한 이런 비현실적인 가정 또는 당위적 신념은 결혼 만족도를 저하시킬 수 있다.

우울에 대한 인지적 접근은 결혼 불만족을 이해하는 데 공헌한 것은 사실이다. 그러나 Beck의 견해와 달리, 단기 횡 – 종단 연구(short – term longitudinal study)들은 안정된 역기능적 인지패턴 혹은 부정적 도식을 입증하지 못하였다. 또한 역기능적 인지와 우울 증상 간에 인과관계가 성립될 수 있는지에 대해서도 의문이 제기되고 있다(Barnett & Gotlib, 1988b). 특히 인지적 접근에 근거해 결혼 불만족과 우울의 관계를 설명할 때 다음과 같은 문제점이 제기될 수 있다. 즉 부부갈등을 일으키는 우울의 기제로서 인지적 측면만을 강조할 경우 부부간의 상호작용 요인, 상황적 변인 등 부부갈등에 중요한 영향을 미치는 결정적인 요소들을 간과할 가능성이 있다(권정혜, 2002). 따라서 결혼 불만족과 우울증상과의 관련성을 단순히 인지적 측면에서만이 아니라 대인관계 맥락에서 이해하려는 시도가 이루어지게 되었다.

2) 부부 의사소통패턴과 결혼 불만족

우울한 사람들은 대체로 대인관계에서 사회적 연결망이 부족하고 사회적 지지가 적으며 사회적 기술과 상호작용 방식이 역기능적인 경향이 있다. 대인관계 접근은 결혼 불만족을 유발하는 우울의 기제로서 대인관계 측면에 초점을 두고 사회적 지지, 사회적 기술 및 특징적인 대인관계 방식을 강조하고 있다. 즉 사회적 지지가 줄어들면 결혼생활에서 경험하는 부정적인 생활사건에 대처할 수 있는 역량이 감소되어 부부갈등이 생길 가능성이 높아진다는 것이다(Billings, Cronkite, & Moos, 1983).

우울한 사람들은 대인관계의 양적 측면뿐 아니라 질적 측면에 있어서도 문제가 생길 가능성이 높다. 우울한 사람들은 타인과의 관계에서 불편감을 호소하며 즐겁지도 않다고 생각한다(Gotlib, 1992). 이런 특징 때문에 우울한 사람들은 자녀와의 관계, 배우자와의 관계에서 갈등을 경험할 확률이 매우 높다(Gotlib, 1988b; Hammen, 1991; Blatt & Zuroff, 1992). 그리고 만성적 우울집단은 일시적 우울집단에 비해 대인관계 갈등을 더 많이 보이며 대인관계 만족도가 현저히 낮았다(Burns, Sayers & Moras, 1994). 비록 경미한 우울증상을 만성적으로 경험하고 있는 집단도 우울증 진단을 받은 집단과 거의 비슷한 수준으로 대인관계 적응 행동을 포함하는 심리 사회적 기능의 저하를 보였다(Gotlib, Lewinsonhn & Seeley, 1996).

우울에 있어 대인관계의 역할과 기제를 강조한 Coyne(1976)에 따르면 우울증상이 지속되고 악화되는 이유는 우울한 사람들이 계속해서 역기능적인 대인관계를 보이기 때문이라고 하였다. 우울한 사람은 자기 가치관이 매우 낮기 때문에 타인으로부터 애정과 지지를 얻음으로써 자신이 가치 있는 존재임을 확인하려는 경향이 강하다. 이럴 경우 주위 사람들은 처음에는 우울한 사람들에게 애정과 관심을 보이지만 점차 이들의 지나친 애정욕구와 밀착욕구를 불편하게 여기게 되고 이들을 회피하려 할 것이다. 그 결과 우울한 사람들의 사회적 지지기반은 점점 줄어들게 되고 타인과의 상호작용이 줄어들고 자기패배적인 행동을 다시 수정할 기회가 적어지기 때문에 역기능적인 대인관계패턴은 변화되지 않고 지속될 수 있다(Joiner, 1995).

Hammen(1980)은 우울한 사람들의 대인관계 기능과 관련된 선행 연구 결과들을 토대로 스트레스 창출가설(stress－generation model)을 제안하였다. 이 가설에 따르면 우울한 사람들은 사회적 기술이 부족하기 때문에 대인관계에서 부적절한 방식으로 행동함으로써 다른 사람의 부정적인 감정을 유발할 수 있다. 이런 부정적인 감정이 악순환을 거듭할 경우 다른 사람과 관계하는 방식은 더 부적절할 수 있다. 스트레스 창출가설을 지지하는 연구 결과들도 있다(Joiner, Alfano & Metalsky, 1989; Hammen, 1991). Joiner 등(1989)은 전화, 직접적인 면담, 녹취 등 다양한 방법을 사용하여 우울한 사람들의 대인관계 행동의 특징을 연구하였다. 연구 결과 우울한 대학생의 룸메이트는 그들과의 사회적 접촉이 그다지 즐겁지 않다고 평가하였고, 그들에게 공격성 및 분노를 상당히 경험한다고 보고하였다. 이런 결과는 우울한 사람들의 행동이 타인의 부정적 반응과 거절을 유도하는 경향이 있음을 보여 주는 것이다.

우울한 사람의 대인관계 문제는 가까운 사람들과의 관계에서 더욱 심각하게 나타나는데, 특히 이런 문제는 성인기 가장 친밀한 대인관계인 부부 사이에서 더욱 두드러진다(Gotlib & Colby, 1987). 우울증 환자의 결혼 만족도를 다룬 연구들은 공통적으로 부부 갈등과 우울증상간의 높은 관련성을 보고하고 있다. Weissman(1987)

의 연구에 따르면 불행한 결혼생활을 할 경우 우울증에 걸릴 위험이 매우 높았다. 그리고 우울증 때문에 치료를 받으러 온 여성의 절반 이상이 결혼생활에서 심각한 갈등을 경험하는 것으로 밝혀졌다(Rounsaville, Weissman, Prusoff, & Herceg – Baron, 1979). 또한 부부 갈등과 배우자의 지지 결여가 우울증의 발병(권정혜, 1996), 유지 및 재발(Hooley & Teasdale, 1989)을 예측해 주었다. 우울증 환자를 대상으로 2년간 추적연구를 실시한 Merikangas(1984)는 우울증 환자의 이혼율이 일반인들의 약 9배에 이른다고 보고하였다. 이런 결과들은 우울한 사람들의 부부 상호작용방식이 역기능적일 가능성을 시사해 준다. 이런 역기능적 상호작용의 증거들을 보여주는 연구도 있다.

Kahn, Coyne, Margolin(1985)은 우울한 배우자와의 상호작용이 상대편 배우자의 부정적인 감정과 행동을 유발한다고 하였다. 즉 우울한 배우자를 둔 부부들이 정상적인 부부에 비해 대화를 나눈 후 더 큰 슬픔과 분노를 느끼며 서로에 대해 더 부정적이고 적대시되어 정이 떨어짐을 경험하게 된다고 하였다. 이와 유사한 결과로서, Hautzinger(1982)에 따르면 우울한 배우자가 있는 부부는 그렇지 않은 부부에 비해 더 부정적이고 일관성 없는 대화패턴을 나타내며 감정적 문제들을 논의하는 데 초점을 두는 경향이 있었다.

대인관계 접근에서는 의사소통 방식에 초점을 두고 우울한 사람의 부부문제를 다루고 있다. 많은 연구들(Geiss & O'Leary, 1981; Hahlweg, Revenstrof & Schneider, 1984)에 따르면 부부 의사소통 문제는 우울증상과는 별개로 결혼생활의 만족을 예언하는 가장 직접적이고도 강력한 변인이었다.

우울한 사람의 결혼 불만족에서 부부 의사소통의 역할을 다룬 초기의 연구들은 주로 의사소통의 기술과 내용에 초점을 두었다. Gotlib과 Whiffen(1989)에 따르면 우울증 환자는 부부 상호작용에서 미소를 짓는 빈도, 유쾌한 얼굴표정을 짓는 빈도 및 서로 눈을 맞추는 빈도가 낮았다. 우울한 사람들은 낯선 사람들과는 적절한 사회적 반응을 하지만 배우자와의 관계에서는 더 긴장하고 부정적이며 역기능적 의사소통 특성을 보인다고 하였다(Ruscher & Gotlib, 1988). 또한 이들은 언어적 혹은 비언어적 행동에서 긍정적인 면이 적고 부정적인 정서표현이 많았다(Hops, Biglan, Sherman, Arthur, Friedman, & Osteen, 1987). 이밖에도 우울한 여성은 자신에 대해 부정적이고 배우자에 대해서는 긍정적인 언급이 많았다(Linden, Hautzinger, & Hoffman, 1983).

이런 연구들은 주로 부부 의사소통의 내용이나 기술을 중심으로 우울과 결혼 불만족과의 관련성을 이해하려고 하였으나, 의사소통 기술이나 내용 자체보다 지속적이고 반복적으로 나타나는 의사소통패턴을 강조한 연구들도 있다. 부부 의사소통패턴의 중요성을 인식하게 된 계기는 Hinchcliffe, Hooper, Roberts(1978)의 연구에서 비롯되었다. 이들은 우울한 여성이 남편의 지지와 애정을 얻기 위해 지나치게 매달리고, 반복적으로 확인하고, 요구하는 경향이 강하다고 하였다. 남편은 이런 행동에 대해 냉담하게 반응하거나, 반응을 억제하거나, 아내를 멀리하거나, 심지어 아내에 대해 분노를 경험한다고 하였다. 이로 인해 우울한 여성은 남편에 대해 더욱 강한 적개심을 경험하고 자신에 대한 남편의 애정을 확인하려고 집착한다. 이런 아내의 태도와 남편의 회피적 태도는 악순환을 거듭하면서 더 악화되기 마련이다. 따라서 의사소통 내용이나 기술보다는 특징적인 역기능적 의사소통 패턴이 우울한 사람의 부부문제를 이해하는 데 있어 보다 중요한 핵심적인 대인관계적 측면일 수 있다.

우울한 사람들의 결혼 불만족에 있어 부부 의사소통패턴의 중요성을 시사하는 여러 연구들이 있다. Christensen과 Sullaway(1984)는 부부 의사소통패턴을 상호 건설, 상호 손상, 상호 회피, 남편요구 – 아내철회 및 아내요구 – 남편철회 의사소통패턴으로 분류한 후 의사소통패턴과 결혼 만족도와의 관계를 검토하였다. 연구 결과 부부 의사소통패턴 중 상호 회피와 아내요구 – 남편철회패턴이 결혼 불만족과 가장 높은 상관이 있었다. 정상인 부부를 대상으로 한 국내의 연구에서도 동일한 결과가 나타났다(이정은, 이영호, 2000; 장문선, 김영환, 2002). 상호 회피 의사소통패턴은 배우자 모두 갈등영역에 대한 대화를 회피하는 것을 의미한다. 그리고 아내요구 – 남편철회 의사소통패턴은 아내는 남편을 비난하고 불평하거나 변화를 추구하는 대화를 시도하는 반면에 남편은 대화를 중단하거나, 대화의 주제를 바꾸거나, 침묵을 지키거나, 대화가 일어나는 장소를 떠남으로써 대화 자체를 회피하는 것을 의미한다(Christensen & Shenk, 1991; Heavey, Layne & Christensen, 1993).

부부 의사소통패턴의 객관적 측면보다는 주관적 지각이 더 중요하다는 연구 결과도 있다. Uebelacker와 Anne(2001)는 여성 우울증 환자집단과 정상집단을 대상으로 자기보고형 검사와 행동관찰을 통해 부부 의사소통패턴과 결혼 만족도와의 관계를 연구하였다. 그 결과 우울증 환자집단은 자기보고형 검사에서 상호 회피 의사소통과 아내요구 – 남편철회 의사소통이 결혼 불만족과 가장 높은 상관을 보인 반면 의사소통방식에 대한 행동관찰 평정치는 결혼 불만족과 유의미한 상관이 나타나지 않았다. 이 결과는 의사소통과정에 대한 우울증 환자집단의 주관적인 지각이 실제 상호작용의 객관적 측면보다 결혼 불만족과 더욱 높은 관련성이 있음을 지적하는 것이다. 자신의 요구나 바람을 배우자가 무시하거나 받아들이지 않으며, 중요한 문제에 대해 서로 터놓고 대화를 나눌 수 없다는 주관적 느낌이 결혼 불만족을 더 증가시킬 수 있다.

대인관계 접근은 인지적 접근의 한계점을 보완해 주는 장점이 있지만 중요한 제한점도 있다. 대인관계 접근은 우울한 사람들이 나타내는 대인관계능력의 부족을 잘 기술해 주기는 하지만 그 원인에 대한 설명력은 부족하다. 따라서 대인관계 접근만으로는 우울한 사람들이 보여 주고 있는 역기능적인 대인관계 또는 부적응적인 의사소통방식의 근원 등을 명확하게 이해하기가 어렵다. 또한 대인관계 접근은 우울이 역기능적 대인관계방식의 원인인지 혹은 결과인지를 잘 설명해 주지 못한다(Gotlib, 1992). 따라서 이런 문제점을 보완하기 위해서는 역기능적 대인관계를 야기하는 원인에 대한 탐색이 필요하다.

Anderson, Beach, Kaslow(1999)는 우울한 사람들이 결혼생활에서 높은 스트레스를 경험하고 배우자로부터의 정서적 지지도 낮다고 하였다. 특히 연구자들은 우울한 사람들이 경험하는 문제의 주된 원인은 초기 양육자와의 관계에서 형성한 불안정 애착이라고 하였다. 즉 유아기에 부모와의 관계에서 불안정 애착을 형성하게 되면 성인기에 가장 중요한 애착대상인 배우자가 일시적으로 거리를 두거나 소홀하게 대할 경우 과민하게 반응할 수 있다. 또한 배우자가 자신을 지지해 주지 않을 가능성이 예상될 경우 회피하거나 지나치게 매달리기 때문에 결혼 불만족을 더 많이 경험할 수 있다. Anderson 등(1999)의 가정은 우울한 사람의 역기능적 대인관계의 근원을 설명하는 개념적 토대를 제공할 것으로 생각된다.

3) 인지 - 대인관계 통합접근

인지 - 대인관계 접근(cognitive - interpersonal integration)은 결혼 불만족과 관련된 우울의 기제를 설명해 주는 인지적 접근과 대인관계 접근을 애착 개념을 중심으로 통합한 것이다(Gotlib & Hammen, 1995). 인지 - 대인관계 접근은 초기 양육자와의 부정적 애착 경험이 역기능적 인지와 부적응적인 부부 의사소통패턴을 야기하는 핵심적인 변인이라고 가정한다. 인지적 및 대인관계적 역기능의 원인으로 애착 문제를 가정함으로써 대인관계 패턴이 인지적인 취약성으로 내면화되고 발달되는 과정을 보다 효율적으로 이해할 수 있다(Whisman & McGarvey, 1995). 인지 - 대인관계 접근에서는 기존의 인지적 접근과는 달리 우울증의 인지도식도 개인적 도식보다 대인관계 맥락에서 획득하게 되는 대인관계적 도식(interpersonal schema)으로 확장시켰다(Safran, 1990).

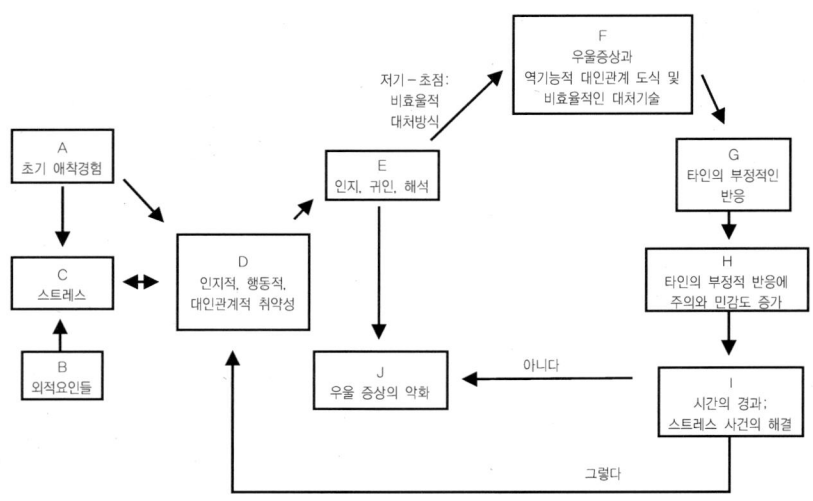

그림 1 인지 – 대인관계 접근의 개념화(Gotlib & Hammen, 1995)

그림 1은 Gotlib과 Hammen(1995)의 접근을 도해한 것으로서 애착, 역기능적 태도, 부정적 대인관계패턴 및 우울과의 관계를 이해하는 데 매우 중요한 핵심이다. 그림에 제시되어 있는 바와 같이 초기 양육자와 부정적 애착경험(A)을 한 사람은 인지적, 행동적, 대인관계적 취약성이 있고(D) 부정적인 인지도식(E)을 형성할 가능성이 높다. 이런 부정적 인지도식을 갖게 되면 자기 패배적이고 타인에게 지나치게 의존하고 매달리는 행동패턴으로 발전하기 쉽다(F). 이런 행동은 타인의 부정적이거나 양가적인 반응을 유발한다(G). 타인의 부정적 반응들은 우울한 사람들이 가지고 있는 상실 및 의존감과 관련된 부정적 도식을 다시 활성화시키기 때문에 타인의 부정적인 반응을 더욱 극단적으로 지각하게 된다(H). 이런 연쇄를 밟을 경우 우울증상은 유지되고 악화될 수밖에 없다.

그림 1에 제시된 인지 – 대인관계 접근에 따르면 유아기에 양육

자와 부정적인 애착관계를 경험했을 경우 자신과 타인에 대해 역기능적인 인지표상을 형성하게 되고 이 인지표상으로 인해 자신뿐만 아니라 타인과의 상호작용 전반에 대한 부정적 도식을 형성하게 된다. 자신 및 대인관계 전반에 대한 부정적인 도식을 형성하게 되면 다른 사람이 자신을 거부할 것이라고 예상하게 되고 이로 인해 대인관계를 회피하거나 지나치게 밀착하려고 함으로써 오히려 대인관계가 더 손상될 수 있다.

(1) 애착의 내적 작동모델

이처럼 인지 - 대인관계 접근은 불안정한 애착경험이 부정적 인지표상을 야기하고 이로 인해 부정적 대인관계패턴을 나타내게 된다고 가정한다. 그러나 애착을 과거 양육자와의 정서적 유대관계에 한정할 경우 애착경험이 추후 전 생애에 걸쳐 개인의 인지, 정서 및 행동에 지속적인 영향을 미친다는 점을 설명하기 어렵다. 이런 문제점을 해결하기 위한 시도로 Bowlby(1969, 1973)는 내적 작동모델(internal working model)을 도입하였다.

내적 작동모델이란 자기와 타인에 대한 심적 표상으로서 일종의 인지적 - 정서적 - 동기적 도식을 의미한다(Collins & Read, 1994). 이러한 도식은 대인관계 상황에서 무의식적이고 자동적으로 평생 동안 작용한다는 것이 Bowlby(1973)의 입장이다. 내적 작동모델은 새로운 사람을 만나고 새로운 관계를 발전시켜 나감에 따라 끊임없이 변화하지만, 자기 영속적인 특성을 지니고 있어 생애 초기에는 쉽게 변화될 수 있으나 청소년기 이후에는 굳어진 채 잘 변화되지 않는다. 또한 생애초기에는 주로 양육자와의 관계를 통해 형성되지만 점차 의미 있는 다양한 대인관계를 통해 형성된다. 내적 작동모델은 친밀한 대인관계 상황에서 개인의 인지적, 정서적, 행동적 반응을 개인의 특이성을 결정짓는 역할을 한다. 이런 의미에서 내적 작동모델은 경험이 마음에 부호화되는 방식에 대한 다른 개념들과 상당히 유사하다고 할 수 있다. 예컨대 정신분석 이론 및 대상관계 이론의 '내적 대상(internal object)', '자기표상(self representation)', '대상표상(object representation)', 인지 및 발달 심리학의 '스키마(schema)', '스크립트(script)' 등과 개념적으로 상당히 유사하다(Diamond & Blatt, 1994).

내적 작동모델은 연쇄적 상호작용에 대한 정신표상이자 관계에 대한 기대를 포함하며 미래의 상호작용 행동을 좌우한다. 특히 내적 작동모델은 자기와 타인에 대한 일반화된 기대, 신념, 목표로 구성되어 있으므로 개인이 미래의 결과를 예견하고 계획할 수 있도록 한다. 또한 대인관계 상황에서 개인의 사고, 감정, 행동을 지시함으로써 사회적 상호작용을 어떻게 지각, 해석하고 이에 대해 반응할지를 안내한다고 할 수 있다(Pietromonaco & Barrett, 1997). 이처럼 내적 작동모델은 개인의 사고, 감정 및 행동을 안내하는 정신적 심상일 뿐 아니라 주의, 정보처리, 의사결정과 같은 중요한 인지과정에 영향을 주기 때문에 내적 모델 그 자체가 경험에 영향을 미치기도 한다(Ruiter, 1994). 따라서 내적 작동모델은 이런 신념 및 기대와 일치된 방식으로 행동하도록 하는 인지체계 또는 인지적 표상을 나타낸다고 볼 수 있으며, 애착이 영아기와 아동기를 넘어 전 생애 동안 지속될 수 있음을 의미하는 중요한 개념으로 인식되고 있다(Hammen, Burge, Daley & Davila, 1995).

내적 작동모델은 서로 밀접한 관련성을 갖는 네 요소로 이루어져 있다. 이들 네 요소는 다음과 같다; 첫째, 자신의 애착관련 경험에 대한 기억표상; 둘째, 애착과 관련된 자기와 타인에 대한 신념, 태도, 기대 등의 인지적 표상; 셋째, 애착관련 목표와 욕구, 감정 및 소망과 같은 정서적·동기적 표상; 넷째, 애착목표 달성과 관련된 행동적 전략과 계획표상이다(Kunce & Shaver, 1994).

내적 작동모델의 구성요소들은 개인이 유아기 양육자와 맺은 애착경험을 양육자가 아닌 다른 대상에게도 평생 동안 구현하도록 유도한다. 즉 초기 애착경험에서 비롯된 자신 및 타인에 대한 인지적-정서적-동기적 심상은 대상이 바뀌더라도 지속되는 것이다(Diamond et al., 1994).

내적 작동모델이 개인의 성격형성과 대인관계 방식에 미치는 지속적 영향을 고려해 볼 때, 초기 양육자와 맺은 애착경험의 질적 측면이 이후 적응양상에 미치는 영향력을 탐색해 볼 필요가 있다. Ainsworth를 비롯한 연구자들은 인생의 첫해 동안 유아의 신호와 욕구에 대한 엄마의 민감성과 반응성의 질적 측면에 따라 다음과 같은 세 가지 주된 애착유형이 형성될 수 있다고 하였다(Ainsworth, Blehar, Waters & Wall, 1978): "안정형(secure type), 회피형(avoidant type), 불안/양가형(anxious/ambivalent type)". 이들 애착유형은 내적 작동모델을 통해 성인기 개인의 성격이나 대인관계 방식 및 세상을 지각하는 방식에 영향을 미친다고 가정된다.

안정애착이 형성되고 나면 어머니나 양육자와 같은 애착대상은 고통과 불편을 느낄 때 찾아가는 안식처가 되고 동시에 주변세계를 탐색하기 위한 안전기지(secure base) 역할을 하기 때문에 유아들은 애착대상에게 접근해 있으려 한다. 반면 불안정 애착을 형성하게 되면 양육자가 거부적이고 적절한 정서적 반응을 해 주지 않으므로 유아들은 자신이 필요할 때 다른 사람이 도와주지 않을 것이라는 기대와 함께 자신이 무가치하다고 인식하게 된다. 이처럼 아동과 양육자 사이의 정서적 유대인 애착의 결과는 아동이 자기 개념과 사회에 대한 관점을 형성하는데 중요한 영향을 미친다.

애착의 문제는 아동기뿐 아니라 성인기 대인관계에도 지속적인 영향을 미칠 수 있다. 더욱이 성인기에 이르면 애착대상이 부모 외에 배우자, 친구, 친지, 자녀 등으로 다양해지기 때문에 내적 작동모델은 더욱 복잡해진다(Bartholomew & Horowitz, 1991). 실제로 또래와의 애착표상과 부모와의 애착표상이 서로 겹치기도 하지만 상당부분 독립적이며 애착대상에 따라 애착양식이 서로 다르다는 연구 결과도 있다(Cook, 2000). 이렇듯 내적 작동모델이 다양하게 형성됨으로써 성인이 복잡한 사회에서 적응적으로 기능하고 애착 욕구를 만족시키는 데 필요한 융통성을 가질 수 있게 된다(Collins et al, 1994).

내적 작동모델이 대상에 따라 다양하다는 사실은 애착에 대한 기존의 범주적 접근 방법에 대한 의문점을 제기한다. 범주적 접근이란 여러 가지 관련 변인에 대해 변량분석을 통해 애착 범주(유형) 간에 양적·질적 차이가 나타나는지를 살펴보는 것이다. 반면에 차원적 접근이란 애착 양식 범주에 기저하는 차원을 도출하여 (예컨대 타인에 대한 접근성, 불안 차원과 의존 차원 등) 각 차원과 여러 관련 변인이 어떠한 관계를 보이는지 상관, 회귀, 구조방정식 등의 방법론을 활용하는 방법이다. 이런 점에 근거하여 본 연구에서는 애착유형에 대한 분류를 지양하고 애착의 친밀, 의존가 능성, 불안 차원과 결혼 불만족 및 우울과의 관계를 살펴보려고 한다.

(2) 역기능적 인지와 부적응적 대인관계

내적 작동모델의 네 요소 중 가장 핵심적인 부분은 자신 및 타 인에 대한 인지적 표상과 애착목표 달성과 관련된 행동적 전략 및 계획이라 할 수 있다. 부정적 애착경험을 통해 자신 및 타인에 대 한 역기능적 인지표상을 형성하게 되면 타인에게 접근하고 반응하 며 대인관계에서의 다양한 요구와 갈등을 해결하는 데 필요한 행 동전략의 수립과 실행에 어려움을 경험하게 된다.

내적 작동모델은 인지적 접근과 대인관계 접근에서 가정하는 결 혼 불만족과 관련된 우울의 기제를 포괄적으로 설명할 수 있다. 내적 작동 모델을 통해 역기능적 인지를 설명하고자 한 연구가 있 다. Mikulicer(1998)는 애착경험이 자신 및 타인에 대한 부정적 인 지표상을 형성하도록 함으로써 적응과 관련된 다양한 문제를 야기 할 수 있다고 하였다. 즉 안정 애착을 통해 긍정적인 인지표상을 형성한 사람은 불안정 애착을 형성한 사람에 비해 자존감이 보다 높았다. 이들은 대체로 자신을 긍정적으로 보지만 자신의 부정적인 측면도 수용하며 자기도식이 고도로 분화되고 통합되어 있었다. 또 한 자신을 타인에게 호감을 주고 인정받을 수 있는 존재로 보며 타인에 대해서도 호의적이고 믿을 만하다고 지각하였다. 반면 불안정 애착을 통해 자신 및 타인에 대한 부정적 인지표상을 형성한 사람들은 다양한 적응곤란을 경험하게 된다. 회피적인 사람들은 사회적 상황에서 자신감, 대인관계 지향성 및 타인에 대한 의존욕구가 낮았으며 타인과 거리를 두고자 하는 소망 때문에 자기와 타인의 유사성을 낮게 평가하였다. 또한 부정적인 자기 측면을 수용하지 못하며 자신의 다양한 측면들을 통합하는 능력이 부족하였다. 그리고 양가적인 사람들은 타인과 밀착되고 싶은 소망 때문에 자기와 타인의 유사성을 높이 평가하고 자기표상이 부정적이고 분화와 통합수준도 낮았으며 괴리수준도 높은 것으로 나타났다(Mikulincer & Horesh, 1999).

초기 애착의 문제는 내적 작동모델을 통해 보살핌 행동, 갈등해결 방략 및 대인관계 문제 등과 같은 대인관계 행동에 지속적으로 영향을 줄 수 있다. 즉 내적 작동모델의 요소 중 애착목표 달성과 관련된 행동적 전략 및 계획은 역기능적 대인관계 행동을 설명해 줄 수 있다. Mikulincer와 Florian(1998)의 연구에 따르면, 안정 애착을 경험한 사람은 건설적이고 도구적인 대처 전략을 사용하고 유의미한 타인에게 지지를 구하며 스트레스에 직면적 대처방략을 활용한다. 또한 자기 효능감 및 타인의 호의에 대한 자신감이 높아 좀 더 융통성 있고 건설적인 대처계획을 세울 수 있다. 반면에 불안정 애착을 보이는 사람들은 다양한 역기능적 대인관계를 보인다. 먼저 양가적인 사람은 애착대상에게 몰입하고 밀착하며 안전 기지를 최대화하려는 욕구가 강하였다. 따라서 애착체계를 과활성화시키고 예민해지며 상대방에게 매달리고 통제하는 행동을 통해 타인의 사랑을 얻으려고 시도하였다. 또한 부정적인 생각과 기억을 과 활성화시키고 수동적이고 반추적인 대처방식에 의존하는 경향이 높았다. 한편 회피적인 사람은 애착체계를 비활성화시키려는 방어적 시도를 하고 정서적 관여를 최소화함으로써 애착욕구를 부인하고 자율성을 추구하였다.

선행연구 결과들은 초기 애착의 질적 측면이 자신 및 타인에 대한 부정적 인지표상을 형성하도록 유도하고 이를 통해 애착목표의 달성을 위한 행동전략을 형성하고 실행하는 방식에 문제를 일으킬 수 있다는 것을 지적하고 있다. 초기 애착의 문제는 다양한 역기능적 대인관계 행동 중 특히 보살핌 행동2)에 부정적 영향을 미칠 수 있다. 보살핌 행동은 성인기 가장 밀착된 애착관계인 부부 사이에서 특히 중요하다. 왜냐하면 아동기 애착과 달리 부부 관계는 상호 호혜성이 요구되기 때문이다(Feeney & Collins, 2001). 보살핌 행동에 있어서 안정 애착을 보이는 사람은 안정성과 근접성이 높고 강박성과 통제행동은 낮았다. 반면에 양가적인 사람은 민감성과 협동성이 낮고 근접성과 강박성이 높아 배우자에 대한 반응이 비일관적이며 간섭하고 집착하는 양상을 보였다(Carnelley, Pietromonaco, & Jaffe, 1996).

인지 – 대인관계 접근은 우울한 사람들의 부정적 인지 도식의 기원을 밝히고 도식의 내용을 개인적인 차원에서 대인관계 차원으로 확대시키고 있다. 또한 이 접근은 우울증상과 관련된 다양한 역기능적 대인관계 행동들의 원인을 애착이라는 개념에 근거해 설명한다. 특히 불안정 애착을 통해 자신 및 타인에 대한 역기능적 인지

---

2) 부부관계에서 보살핌 행동은 배우자의 애착행동을 보완하고 실제적인 도움이나 편안함 및 안정감을 주고 안전기지를 제공하거나 자율성을 격려하는 것과 같은 광범위한 행동으로 정의된다.

표상을 형성했을 경우 이런 역기능성은 내적 작동모델에 의해 유아기뿐 아니라 전 생애에 걸쳐 타인에게 접근하고 반응하며 대인관계에서의 다양한 요구와 갈등을 해결하는 데 필요한 행동전략의 수립과 실행에 어려움을 유발할 수 있다.

인지 – 대인관계 접근을 지지하는 연구들은 다음과 같이 요약할 수 있다.

첫째, 불안정 애착과 우울을 매개하는 변인을 밝히기 위한 연구들이 있다. 이런 매개변인으로서 역기능적 태도를 강조한 연구(Cummings & Cicchetti, 1990; Whisman & McGarvey, 1995), 낮은 자존감을 강조한 연구(Collins & Read, 1990; Whisman & Kwon, 1992; Robert, Gotlib & Kassel, 1996), 부적응적 대인관계 방식을 강조한 연구(Bartholomew, 1990)가 있다. Bartholomew(1990)는 아동기의 경험이 의존적인 성격성향과 자기비판적인 성향을 발달시켜 결과적으로 우울증상에 취약하게 만든다고 보았다. 그에 따르면 애착경험에 의해 의존적 성향을 지니게 된 사람들은 애정과 지지 그리고 자기 확신을 얻기 위해 다른 사람들에게 과도하게 의존하게 된다.

둘째, 불안정 애착이 우울한 사람의 역기능적 인지와 부정적 부부 의사소통패턴과 밀접한 관련이 있으며, 이런 측면이 결혼 불만족을 일으키는 중요 변인임을 밝힌 연구가 있다(김은정, 권정혜, 1998; 권정혜, 2002). 권정혜(2002)에 따르면 기혼여성 우울증 환자 중 불안정 애착 집단은 안정 애착 집단에 비해 남편의 정서적 지지를 더 낮게 지각하였고 더 높은 성취 지향적 태도와 관계 지향적 태도를 보였다. 이런 지각된 지지 수준과 역기능적 태도는 불안정 애착 집단의 결혼 불만족을 설명해 주었다.

2. 인지 - 대인관계 통합치료

지금까지 우울한 사람들의 부부문제에 개입하기 위해 인지적 접근과 대인관계 접근에 근거한 치료적 절차가 적용되어 왔다. 인지적 접근에 근거한 인지치료는 우울한 사람들의 부부문제가 이들의 역기능적 인지에서 비롯된다고 보고 다양한 인지 행동 기법들을 통해 이런 역기능을 수정하고자 한다. 인지치료 기법들은 우울한 사람들의 인지 기저에 있는 역기능적 신념을 파악하고 현실을 검증하며 수정하기 위한 절차로 구성된다. 치료를 통해 우울한 사람들은 그들의 사고를 재평가, 수정함으로써 전에는 극복할 수 없다고 생각한 문제나 상황에 대처하는 방법을 학습한다.

인지적 접근에서는 우울한 사람들이 부부관계에서 나타내는 다양한 문제들이 주로 배우자와의 관계에 대한 비현실적 가정, 선택적 지각, 역기능적 태도, 특정사건에 대한 편향된 귀인 및 미래에 일어날 일들에 대한 부적절한 기대 등과 관련된다고 가정한다. 따라서 인지치료는 구조화된 인지 행동적 기법을 통해 이런 인지적 역기능을 수정하고 건설적이고 합리적인 사고를 할 수 있도록 돕기 위한 다양한 절차들로 구성된다. 이런 방법으로 가장 널리 활용되는 것이 사고 기록지[3]이다. 배우자와의 관계에서 일어나는 다

---

3) 사고 기록지에는 상황, 기분의 평정(0 - 100점 범위), 자동적 사고(특정한 기분을 느끼기 직전 어떤 생각이 떠올랐는지를 탐색), 자동적 사고를 지지하는 증거, 자동적 사고를 반박하는 증거, 새로운 관점, 기분의 재평정(0 - 100점 범위) 등이 포함된다. 사고 기록지를 통해 개인은 상황과 그 상황에서 느끼는 기분과 생각을 구별하고, 자신의 생각을 지지하거나 지지하지 않는 증거들을 수집하고, 기분이 나아지는 데 도움을 주게 될 새로운 방식의 사고를 탐색하는 연습을 하게 된다. 사고 기록지를 통해 역기능적 사고를 개선하기 위해서는 상당한 연습이 요구된다.

양한 경험들을 사고 기록지를 활용해 작성해 봄으로써 자신의 선택적 지각 및 역기능적 사고의 증거를 탐색하고 이해할 수 있다(Windy & Robert, 1991). 또한 치료자가 일련의 질문을 통해 우울한 사람들이 배우자의 행동에 대해 내린 역기능적 가정이나 결론의 타당성을 반박하고 이런 가정에 부합하지 않는 과거와 현재 경험을 탐색하도록 격려함으로써 대안적 해석을 할 수 있도록 돕는다(Hawton, Salkovskis, Kirk & Clark, 1989).

결혼 불만족과 관련된 우울의 기제를 설명하는 대인관계 접근에서는 우울한 사람들이 나타내는 대인관계 능력의 결핍을 강조한다(Gotlib & Whiffen, 1989). 이런 대인관계 능력의 역기능이 우울한 사람들의 결혼 만족도를 저하시키는 것으로 가정한다. 따라서 대인관계 치료에서는 우울한 사람들의 결혼 만족도를 향상시키기 위해 주로 행동주의적 기법을 적용하여 문제시되는 대인관계 기능을 수정하는 데 초점을 둔다. 대인관계 치료에서는 우울한 사람들의 특징적인 역기능적 의사소통패턴, 배우자의 행동을 변화시킬 수 있는 기술의 부족, 문제해결능력과 사회적 기술의 부족 등을 구조화된 인지 행동적 기법을 적용해 수정한다(Luciano & Dennis, 1992).

우울한 사람들의 대인관계 능력의 결핍을 보완하고 부족한 사회적 기술을 향상시키기 위해 활용되고 있는 Becker, Heimberg 및 Bellack(1987)의 절차에는 사회기술훈련, 사회적 자극에 대한 지각훈련, 연습, 자기평가 및 자기강화가 포함된다. 또한 효과적인 치료를 위해 다양한 지시, 피드백, 사회적 강화, 모델링, 행동시연 및 일련의 단계적인 과제 등을 활용한다. 대인관계 치료를 통해 우울한 사람들은 배우자와의 관계에서 경험하는 의사소통의 문제를 개선하기 위한 다양한 대화기술을 습득할 수 있다. 치료자는 역기능적인 부부 의사소통패턴을 설명하고, 실제 배우자와의 관계에서 역기능적 의사소통패턴이 주로 나타나는 상황을 기록하도록 한다. 이처럼 갈등상황을 치료적 장면에서 재현하고 다양한 인지 행동적 기법을 통해 보다 건설적인 의사소통패턴으로 변화할 수 있도록 돕는다. 즉 역기능적 의사소통이 나타나는 갈등상황을 초점으로 경청하기, 공감하기, 부정적 주장하기, 긍정적 주장하기, 타협하기, 화해하기, 인정하기, 칭찬하기, 사과하기 등에 대한 역할놀이나 행동시연을 통해 학습시킨다.

결혼 불만족과 관련된 우울의 기제로서 애착의 문제를 강조하는 인지 – 대인관계 접근에서는 기존의 인지치료와 대인관계 치료절차에 초기 애착의 문제가 현재 부부관계에서 어떤 식으로 재현되고 있는지를 탐색하도록 하는 절차를 포함하고 있다. 역기능적 인지와 부정적 부부 의사소통패턴을 수정하기 위한 기법들에 부가하여, 인지 – 대인관계 치료에서는 유아기 양육자와의 관계경험이 정신적 이미지로 내재화되어 부정적 인지 및 대인관계 방식에 지속적으로 영향을 미칠 수 있음을 인식하도록 하고, 현재 부부문제에 이런 초기 경험이 어떤 식으로 연결되어 있는지를 탐색하도록 하는 기법이다.

인지 – 대인관계 치료절차는 대인관계에서 주로 경험하는 사고와 감정, 특징적인 관계패턴 등의 탐색, 이런 특징을 과거 경험과 반복적으로 연결 짓는 연습 등으로 구성된다. 이렇게 현재의 관계에 작용하는 과거의 관계양상을 탐색하고 통찰하게 되면 부정적 감정을 보다 효과적으로 조절하게 되고 더 건설적이고 현실적인 대인관계를 형성할 수 있다(정방자, 최경희, 2000). 그러나 실제 치료적 장면에서 인지－대인관계 치료를 적용한 예는 그리 많지 않은 실정이다. 따라서 본서에서는 실제 통합적 치료가 기존의 인지치료나 대인관계 치료에 비해 우울한 사람의 부부문제를 개선하는 데 더 효율적인지를 검토해 보고자 한다.

3. 연구문제

결혼 불만족과 우울의 관계를 인지－대인관계 접근에서 설명하기 위해서는 이 접근에서 주로 다루고 있는 애착, 역기능적 태도, 부부 의사소통패턴, 우울 및 결혼 만족도와의 관련성을 밝히고 이들 인지－대인관계 변인이 어떠한 인과관계를 거쳐 결혼 불만족을 야기하는지를 검토해 보아야 할 것이다. 또한 이 접근의 임상적 효용성을 밝히기 위해서는 치료적 개입의 효과를 검토할 필요가 있다. 이런 측면에서 본서에서는 다음과 같은 연구문제를 설정하였다.

첫째, 인지－대인관계 접근에서는 애착이 역기능적 태도나 부부 의사소통패턴에 비해 결혼 만족도와 우울을 설명하는 더 핵심적인 변인이라고 가정한다. 이런 측면을 검토하기 위해 본서의 연구 1－A에서는 상관분석과 위계적 중다 회귀분석을 사용하여 인지－대인관계 변인들과 우울 및 결혼 만족도와의 관계를 살펴보고 이들 변인이 결혼 만족도를 각기 어느 정도 설명할 수 있는지 추정해 보고자 한다.

둘째, 인지 – 대인관계 접근에서는 불안정 애착이 역기능적 인지를 유발하고 이런 역기능적 인지에 의해 부정적 부부 의사소통패턴이 형성되며 그 결과 결혼 불만족을 경험하게 된다고 가정한다. 이런 측면을 탐색하기 위해서는 인지 – 대인관계 변인들과 결혼 만족도와의 인과관계를 파악할 필요가 있다. 따라서 본서의 연구 1 – B에서는 애착수준, 역기능적 태도, 부부 의사소통패턴, 우울 및 결혼 불만족 간의 인과관계를 구조방정식을 이용해 모형으로 구축하고 그 적합성을 최대우도 추정법을 사용해 검증해 보고자 한다.

셋째, 인지 – 대인관계 접근이 치료적 장면에서 인지적 접근이나 대인관계 접근에 비해 더 유용한지 검토하기 위해서는 이 접근에 입각한 치료절차가 결혼 만족도를 향상시키는 데 더 효과적인지를 밝힐 필요가 있다. 따라서 본서의 연구 2에서는 기혼여성 우울증 집단을 대상으로 치료적 개입의 효과를 검토해 보고자 한다. 이런 목적을 위해 기혼여성 우울증 환자를 통제집단, 치료요소 통제집단(기존의 인지치료와 대인관계치료 절차로 구성) 및 인지 – 대인관계 치료집단(치료요소 통제집단의 절차에 애착문제에 대한 개입을 포함)에 무선 할당하고, 치료적 개입 전후의 결혼 만족도 하위 측정치의 변화양상을 비교해 보고자 한다.

연구 1: 우울여성의 결혼불만족에 대한 인지-대인관계 통합접근

사랑에 있어서 첫 번째 계기는 내가 나만으로서의
독립한 인격이고자 하지 않는 것.
또 그렇다고 하더라도 그때에는 자신이 결점이 많은
불충분한 존재로 느낀다는 것이다.
두 번째 계기는 내가 한 사람의 다른 인격 속에서 나 자신을
획득한다는 것, 내가 다른 사람 속에서 보람을 얻으며
또 다른 사람도 나의 속에서 그렇게 되는 것이다.

– G.W.F. Hegel

연구 1: 우울여성의 결혼불만족에 대한 인지 – 대인관계 통합접근

1. 연구 1 – A: 인지 – 대인관계 변인과 결혼 만족도와의 관계

최근 인지적 접근과 대인관계 접근을 애착개념을 중심으로 통합한 인지 – 대인관계 접근에서 결혼 불만족과 우울과의 관계를 이해하고자 하는 시도가 이루어지고 있다. 통합적 접근에서는 우울한 사람의 역기능적 인지와 부정적 대인관계패턴이 유아기 양육자와의 관계에서 경험한 불안정 애착경험에 기초한다고 가정한다. 불안정 애착경험 때문에 자신 및 타인에 대한 부정적 인지표상을 형성하게 되면 이런 부정적 도식에 부합하는 역기능적 대인관계 행동을 드러내며 결과적으로 다양한 적응상의 문제를 낳게 되는 것이다.

인지 – 대인관계 접근의 측면에서 결혼 불만족과 관련된 우울의 기제를 이해하기 위해서는 애착 변인이 역기능적 인지와 부정적 대인관계 패턴에 비해 우울과 결혼 불만족을 설명하는 데 있어 어느 정도 핵심적인 변인인지를 탐색할 필요가 있음에도 불구하고, 아직 이런 시도는 별로 없는 실정이다. 이런 필요에 따라 본 연구 1 - A에서는 다음과 같은 분석을 시행하였다.

첫째, 기혼여성을 대상으로 애착수준, 역기능적 태도, 부부 의사소통패턴, 우울 및 결혼 만족도 간의 상관관계를 검토하였다. 둘째, 부부 의사소통패턴이 애착수준과 역기능적 태도로 설명될 수 있는지를 검토하였다. 셋째, 우울과 결혼 만족도가 애착수준, 역기능적 태도와 부부 의사소통패턴에 의해 어느 정도 설명될 수 있는지를 검토하였다.

1) 방법

(1) 연구 대상

경북대학교, 영남대학교, 대구 가톨릭 대학교 및 대학원에서 심리학 관련 과목을 수강하는 수강생들에게 과제의 일환으로 주변의 기혼여성들로부터 인구통계학적 변인, 결혼 만족도, 애착수준, 역기능적 태도, 부부 의사소통패턴 및 우울을 측정하는 설문지를 실시하여 제출하도록 하였다. 설문대상은 주로 이들 학생의 친지나 지인이었으며, 설문지 배부에서 수거까지는 약 2 - 3주 정도 소요되었다. 수거된 717명의 자료 중 반응누락이나 불성실한 반응 등으로 인해 결과의 신뢰성이 떨어지는 32명의 자료를 제외한 685명의 자료를 최종 분석하였다. 조사대상의 인구통계학적 특성은 표 1－1과 같다.

(2) 연구 도구

① 인구통계학적 변인

선행연구에서 결혼 만족도에 영향을 미치는 것으로 알려진 변인들을 선정하여 질문지를 작성하였다. 포함된 변인으로는 연령, 학력, 맞벌이 여부, 가족형태(핵가족／확대가족), 자녀 수, 결혼기간, 결혼계기(연애결혼/중매결혼) 및 월평균 수입이 있다.

② 결혼 만족도 척도

결혼 만족도를 측정하기 위해 Synder(1997)가 제작한 'Marital Satisfaction Inventory－Revised(MSI－R)'를 권정혜와 채규만(1999)이 번안한 한국판 결혼 만족도 검사(K－MSI)의 하위척도 중 결혼생활 전반에 대한 불만족을 측정하는 전반적 불만족 척도와 성관계에 대한 불만족을 측정하는 성적 불만족 척도를 사용하였다. 전반적 불만족 척도는 결혼생활에 대한 전반적인 불만족이나 분위기를 말해 주는 지표로서 임상이나 상담 장면에서 부부문제를 발견하기 위한 선별검사로서 사용할 수 있으며, 문항 내용으로는 전반적인 결혼생활에 대한 불만족, 다른 부부와 비교하여 상대적으로 느끼는 부부관계에 대한 비판적인 태도, 결혼생활의 미래에 대한 부정적 태도 등을 반영한다. 점수의 범위는 0－22점으로 점수가 높을수록 불만족이 높음을 의미한다. 성적 불만족 척도는 성관계와

표 1-1. 조사 참여자의 인구통계학적 특성

연령	20 - 29세	85명(12.5%)
	30 - 39세	95명(14.2%)
	40 - 49세	363명(52.7%)
	50 - 59세	136명(19.5%)
	60세 이상	6명(1.1%)
학력	초등 졸 이하	21명(3.2%)
	중학교 졸	109명(15.7%)
	고등학교 졸	328명(47.8%)
	대학교 졸	206명(30.1%)
	대학원 졸	21명(3.2%)
맞벌이 유무	맞벌이	377명(55.2%)
	맞벌이가 아님	308명(44.8%)
가족형태	핵가족	602명(87.9%)
	확대가족	83명(12.1%)
자녀수	없음	62명(8.9%)
	1 - 2명	473명(68.6%)
	3 - 4명	144명(21.4%)
	5명 이상	6명(1.1%)
결혼연한	5년 이하	103명(15.3%)
	6 - 10년	55명(7.9%)
	11 - 15년	206명(30.4%)
	16 - 20년	95명(14.4%)
	21 - 25년	144명(20.6%)
	26년 이상	82명(11.4%)
결혼계기	연애결혼	369명(53.7%)
	중매결혼	316명(46.3%)
월평균수입	100만 원 미만	27명(3.8%)
	100 - 200만 원	55명(7.6%)
	200 - 300만 원	397명(58.6%)
	300만 원 이상	206명(30.0%)

N=685

관련된 성적활동의 양과 질에 대한 불만족을 평가한다. 문항내용은 성적활동에 대한 전반적인 불만족, 성행위와 관련된 불편한 기분, 성행위에 대한 배우자의 관심과 열정 부족에 대한 불만족 등을 포함한다. 점수의 범위는 0 – 13점으로 점수가 높을수록 불만족이 높음을 의미한다. 본 연구에서의 신뢰성 계수(Cronbach's α)는 전반적 불만족 .85, 성적 불만족 .87이었다.

③ 애착수준 척도

타인과의 애착 수준을 측정하기 위해 'Adult Attachment Scale'-(Collins & Reed, 1990)을 장휘숙(1997)이 번안한 성인애착척도를 사용하였다. 이 척도에는 다른 사람과의 관계를 편안하게 느끼는 정도를 나타내는 친밀척도, 필요할 때 상대방에게 의존하고 상대방이 자신에게 의존하는 것을 편안하게 느끼는 정도를 나타내는 의존 가능성 척도, 버림받거나 사랑받지 못할 것을 두려워하는 정도를 나타내는 불안척도로 구성되어 있다. 본 연구에서의 신뢰도 계수(Cronbach's α)는 친밀 .75, 의존 가능성 .76, 불안 .74로 나타났다.

④ 부부 의사소통패턴 척도

부부 의사소통패턴을 측정하기 위해서 Christensen과 Sullaway(1984)가 제작한 "Communication Pattern Questionnaire (CPQ)"를 이정은과 이영호(2000)가 번안한 부부 의사소통 질문지를 사용하였다. 이 척도는 총 35문항으로 구성되어 있으며, 각 문항은 의사소통의 세 단계(문제가 발생했을 때, 일어난 문제에 대해 이야기하는 동안 그리고 일어난 문제에 대해 이야기하고 난 뒤) 동안 일어날 수 있는 다양한 행동들을 묘사하고 있다. 각 문항은 9점 척도(0점: 전혀 그렇지 않다~8점: 아주 그렇다)상에서 평정하게 되어 있다. 이 척도에는 긍정적 의사소통인 상호 건설적 의사소통과 네 가지 부정적 의사소통 패턴이 포함되어 있는데, 부정적 의사소통에는 상호 손상적 의사소통, 상호 회피적 의사소통, 남편 요구 – 아내 철회 의사소통, 아내 요구 – 남편 철회 의사소통패턴이 포함된다. 본 연구에서 신뢰도 계수(Cronbach's α)는 상호 건설 .78, 상호 손상 .85, 상호 회피 .74, 아내요구 – 남편철회 .73, 남편요구 – 아내철회 .75로 나타났다.

⑤ 역기능적 태도 척도

역기능적 태도를 측정하기 위해 역기능적 신념과 태도의 평가에 가장 널리 사용되고 있는 'Dysfunctional Attitude Scale'을 김은정 (1994)이 번안한 역기능적 태도 척도를 사용하였다. 이 척도는 총 40문항으로 구성되어 있으며 7점 척도(1점: 전혀 그렇지 않다~7점: 아주 그렇다)상에서 평정하게 되어 있으며, 40 – 280점까지 받을 수 있고, 점수가 높을수록 역기능적 태도가 강한 것을 나타낸다. 이영호(1993)의 요인분석 결과 성취 지향적 태도와 관계 지향적 태도가 추출되었다. 본 연구에서 신뢰도 계수(Cronbach's α)는 성취지향 .79, 관계지향 .81이었다.

⑥ 우울 척도

우울을 측정하기 위해 Beck Depression Inventory(BDI)를 이영호와 송종용(1991)이 번안한 척도를 사용하였다. 이 척도는 Beck 등이 정서적, 인지적, 동기적, 그리고 생리적 영역을 포괄한 우울증상을 측정하기 위해 개발한 총 21개 문항의 자기보고형 검사이다. 조용래와 김정호(2002)의 요인분석 결과, 부정적 태도, 수행곤란 및 신체적 요소라는 세 요인이 추출되었다. 본 연구에서 신뢰도 계수(Cronbach's α)는 부정적 태도 .81, 수행곤란 .77, 신체적 요소 .85로 나타났다.

(3) 자료 분석

인구통계학적 변인과 결혼 만족도와의 관계를 분석하기 위해 상관분석과 단순독립 t 검증을 시행하였고, 애착수준, 역기능적 태도, 부부 의사소통패턴, 우울 및 결혼 만족도 간의 상호관련성을 분석하기 위해 상관분석을 시행하였다. 이들 변인이 우울을 예언하는 정도와 결혼 만족도를 예언하는 정도를 분석하기 위해 위계적 중다 회귀분석(hierarchical multiple regression)[4]을 실시하였다. 또한 문제시되는 부부 의사소통패턴을 애착수준과 역기능적 태도의 하위요인 중 어떠한 변인이 가장 잘 설명해 줄 수 있는지를 살펴보기 위해 단계적 중다 회귀분석(stepwise multiple regression)[5]을 시행하였다.

2) 결과 및 논의

(1) 인구통계학적 변인과 결혼 만족도와의 관계

본 연구에서는 우선 선행연구에서 결혼 만족도와 높은 상관을

---

4) 연구자가 독립변인의 투입을 결정하는 방법으로, 투입의 결정은 이론적인 근거에 의해 결정한다. 독립변인의 투입에 따른 설명력의 증감을 통해 상대적인 설명력의 차이를 알 수 있다.
5) 통계패키지에 의해 유의한 독립변인의 순서에 따라서 변인이 투입되는 방식이다.

보이는 것으로 알려진 인구통계학적 변인들과 결혼 만족도와의 관계를 분석하였다(표 1－2). 즉 연령, 학력, 맞벌이 여부, 자녀 수, 가족형태, 결혼연한, 결혼계기 및 월평균 수입과 결혼생활에서의 전반적 불만족과의 상관을 살펴보았다.

전체 응답자의 전반적 불만족의 평균은 5.91(표준편차＝5.87)로, 결혼 만족도 검사의 국내 표준화 및 타당화 연구에서 나타난 전반적 불만족의 평균점수(5.59)와 비슷한 수준이었다. 연령이 높을수록 (r＝.14), 자녀 수가 많을수록(r＝.18), 결혼기간이 길수록 결혼 불만족 수준이 높았다(r＝.15). 그 밖에 학력, 맞벌이 여부, 가족형태 및 월평균 수입은 결혼 불만족과 유의미한 상관을 나타내지 않았다.

인구통계학적 변인과 결혼 만족도와의 상관을 살펴본 국내의 선행연구에 의하면 기혼여성의 경우 50대까지는 연령이 높아짐에 따라 결혼 만족도는 감소하나 자녀들이 독립한 후 부부만 남게 되는

표 1－2. 인구통계학적 변인과 결혼 만족도와의 상관(n=685)

	1	2	3	4	5	6	7	8
1) 연령								
2) 학력	－.37**							
3) 맞벌이유무	.14**	－.07						
4) 가족형태	.08	.05	－.03					
5) 자녀수	.55**	－.31**	.10*	.15**				
6) 결혼연한	.86**	－.49**	.17**	.05	.52**			
7) 결혼계기	.40**	－.28**	－.04	.14**	.26**	.41**		
8) 월평균 수입	.03	.34**	－.01	－.08	.03	－.01	－.03	
9) 전반적불만족	.14**	.06	－.02	－.05	.18**	.15**	－.13*	.04

**p〈.01 *p〈.05

60대 이후에는 다시 결혼 만족도가 증가한다고 하였다(김쟁산, 1983). 송말희(1986)의 연구에서도 20대 기혼여성의 결혼 만족도가 가장 높고 다음으로 30대, 50대, 40대 순으로 대체로 나이가 많을수록 낮아짐을 보여 주고 있는데, 이는 본 연구 결과와 일치하는 것이다. 또한 선행연구에서는 자녀 수가 많을수록 결혼 만족도가 낮아짐을 보고하고 있는데(서수경, 이정덕, 1991), 이 또한 본 연구 결과와 일치하는 것이다. 이처럼 연령과 결혼기간 및 자녀 수가 증가할수록 결혼 만족도가 낮게 나타난 이유는 자녀양육과 관련된 스트레스, 직장관련 스트레스, 경제적 부담은 증가하는 반면, 부부 상호 간의 지지적 관계는 약화되었기 때문일 수 있다. 본 연구에서는 학력과 결혼 만족도는 유의미한 관련성이 없는 것으로 나타났다. 학력과 결혼 만족도와의 관계를 다룬 선행연구들의 결과는 일치점을 찾지 못하고 있는바, 학력이 높을수록 결혼 만족도가 높다는 결과(이정은, 이영호, 2000)도 있고 그 반대의 결과도 있다(홍신례, 1987).

월평균 수입과 결혼 만족도 또한 유의미한 관계를 보이지 않았는데, 이는 남편의 경우 수입과 결혼 만족도는 정적상관을 보였으나 아내의 경우 수입에 따른 결혼 만족도는 유의미한 차이가 없는 것으로 나타난 박성호(2001)의 결과와 일치한다. 즉 남성의 경우 고소득이 자신의 성취수준과 관련되어 생활 전반에 대한 만족도와 연결되지만 여성의 경우에는 소득수준이 반드시 결혼생활의 만족도와 직결되는 것은 아닌 것으로 해석할 수 있다.

(2) 인지 – 대인관계 변인과 우울 및 결혼 만족도와의 관계

표 1 – 3은 인지 – 대인관계 변인과 우울 및 결혼 만족도와의 관계를 분석한 결과이다. 우울과 가장 높은 상관을 보인 인지 – 대인관계 변인은 애착의 하위요인 중 불안(r=.40)이었으며, 의존가능성 또한 높은 상관(r= – .38)을 보였다. 이 결과는 우울증상의 형성에 있어 애착의 문제를 강조한 통합적 접근의 가정과 맥락을 같이한다.

전반적 불만족과 가장 높은 상관을 나타낸 인지 – 대인관계 변인은 애착의 하위요인 중 친밀이었다(r= – .39). 이는 애착대상과의 친밀감 결여가 결혼생활 전반의 불만족과 가장 깊은 관련성이 있음을 의미하는 것이다. 친밀은 성적 불만족 (r= – .36)과도 높은 상관을 나타내었다. 애착의 하위요인 중 의존가능성 또한 전반적 불만족(r= – .37) 및 성적 불만족(r= – .28)과 유의미한 상관을 나타내었다. 또한 애착의 하위요인 중 불안도 전반적 불만족(r=.35) 및 성적 불만족(r=.22)과 유의미한 상관을 나타내었다. 결혼 만족도와 가장 높은 상관을 보인 인지 – 대인관계 변인이 애착이라는 점은 결혼 만족도에 있어 애착이 핵심변인임을 가정하는 통합적 접근에 부합하는 것이다.

역기능적 태도의 하위요인들은 결혼 만족도 및 우울과 유의미한 상관이 있었다. 성취 지향적 태도는 전반적 불만족(r=.32), 우울(r=.29)과 유의미한 상관을 보였고 관계 지향적 태도 또한 전반적 불만족(r=.33) 및 우울(r=.30)과 유의미한 상관을 나타내었다.

표 1-3. 인지-대인관계 변인들과 우울 및 결혼 만족도간 상관

	1	2	3	4	5	6	7	8	9	10	11	12
1. 친밀												
2. 의존 가능성	.19*											
3. 불안	-.26**	-.33**										
4. 성취 지향적 태도	-.18*	-.21*	.32**									
5. 관계 지향적 태도	-.36**	-.32**	.35**	.51**								
6. 상호 건설	.35**	.36**	-.34**	-.31**	-.29**							
7. 상호 손상	-.31**	-.30**	.25*	.10	.09	-.27**						
8. 상호 회피	-.38**	-.34**	.28**	.27**	.30**	-.37**	.31**					
9. 아내요구-남편철회	-.41**	-.40**	.24*	.39**	.37**	-.40**	.34**	.49**				
10. 남편요구-아내철회	-.29**	-.27**	.22*	.11	.13	-.26**	.25*	.39**	.38**			
11. 우울	-.29**	-.38**	.40**	.29**	.30**	-.27**	.21*	.35**	.34**	.14		
12. 전반적 불만족	-.39**	-.37**	.35**	.32**	.33**	-.35**	.31**	.35**	.38**	.22*	.34**	
13. 성적 불만족	-.35**	-.28**	.22*	.13	.29**	-.33**	.38**	.31**	.33**	.14	.37**	.47**

N=685, 1-3: 애착수준 4-5: 역기능적 태도 6-10: 부부 의사소통패턴 12-13: 결혼 만족도
*p<.05, **p<.01

부부 의사소통패턴의 경우, 상호 건설 의사소통은 전반적 불만족과 부적상관을 보였고(r=-.35), 상호 손상 의사소통(r=.31), 상호 회피 의사소통(r=.35) 및 아내요구-남편철회 의사소통(r=.38)과는 정적상관을 보였다. 부부 의사소통패턴과 우울과의 관계에서 우울과 가장 높은 상관을 보인 의사소통패턴은 상호 회피 의사소통(r=.35)과 아내요구-남편철회 의사소통(r=.34)으로 나타났다. 이런 결과는 부부 의사소통패턴과 결혼 만족도 및 우울과의 관계를 살펴본 선행연구 결과(임승락, 권정혜, 1998; 이정은, 이영호, 2000)와 일치하는 것이다. 반면 성적 불만족과 가장 높은 상관을 보인 의사소통패턴은 상호 손상 의사소통(r=.38)이었다. 이 결과는 성적

불만족은 전반적 불만족과는 달리, 회피적이거나 요구－철회적 의사소통에 비해 욕설이나 폭력 등과 연관될 수 있는 손상적 의사소통과 더 깊은 상관이 있음을 보여 준다. 즉 의사소통 과정에서의 직접적인 공격성이나 폭력성이 성적 만족에 보다 부정적 영향을 미치는 것으로 해석할 수 있다.

(3) 부부 의사소통패턴에 대한 애착수준과 역기능적 태도의 상대적 설명력

상기의 분석을 통해 인지－대인관계 변인이 우울 및 결혼 만족도와 어떠한 상관을 나타내는지를 검토해 보았다. 그러나 상관분석만으로는 이들 변인이 기혼여성의 우울과 결혼 만족도를 설명하는 상대적 패턴은 검토되지 못한다. 통합적 접근에서는 애착수준이 역기능적 인지와 부정적 대인관계패턴을 야기하고, 이런 역기능성이 결과적으로 우울 및 부부문제를 일으킨다고 주장한다. 이 주장을 검토하기 위해 위계적 중다 회귀분석을 사용하여 우울 및 결혼 만족도에 대한 인지－대인관계 변인들의 상대적인 설명력을 분석하였다.

먼저 애착수준과 역기능적 태도가 부부 의사소통패턴을 설명할 수 있는지를 검토하기 위해 위계적 중다 회귀분석을 시행하였다. 통합적 접근에서는 애착수준이 역기능적 인지 및 대인관계 문제에 근간이 된다고 보기 때문에 애착수준은 역기능적 태도와 부부 의사소통패턴 둘 다를 설명한다고 가정할 수 있다.

또한 애착수준을 통제했을 때 부부 의사소통패턴에 대한 역기능

표 1-4. 상호 건설 의사소통에 대한 애착수준과 역기능적 태도의 위계적 중다 회귀분석

단계	예언변인	β	R^2	ΔR^2	F
1	애착수준		.15	.15	5.21**
	친밀	.23**			
	의존가능성	.21**			
	불안	-.24**			
2	역기능적 태도		.18	.03	4.29**
	성취 지향적 태도	-.18**			
	관계 지향적 태도	-.17**			

**$p\langle.01$

적 태도의 설명력을 애착수준과 비교해 봄으로써 애착수준이 역기능적 태도에 비해 부부 의사소통패턴을 더 잘 설명해 줄 수 있는지를 검토해 보고자 하였다. 이런 목적을 위해 애착수준을 처음 단계에 투입하였고 다음으로 역기능적 태도를 투입하였다. 역기능적 태도를 두 번째로 투입한 이유는 애착수준이 통제된 후 부부 의사소통패턴에서 역기능적 태도의 설명변량을 살펴보기 위해서이다.

애착수준과 역기능적 태도가 부부 의사소통패턴 중 상호 건설 의사소통을 설명하는 위계적 회귀분석의 결과를 표 1-4에 제시하였다. 분석 결과 애착수준은 상호 건설 의사소통의 15%를 설명하였으며, 역기능적 태도는 단지 3%만을 추가하였다. 애착수준의 하위요인들은 상호 건설 의사소통패턴을 구체적으로 설명하였다. 즉 애착대상에게 친밀감이 부족하고 의존할 수 없으리라는 예상과 불안을 경험할 때 건설적인 의사소통을 저해할 가능성이 있다.

역기능적 태도 또한 상호 건설 의사소통패턴을 설명해 주었다. 매사에 성취 지향적이고 과제 지향적인 태도를 나타내며 타인에게 전적으로 인정받고 지지받기를 바라는 관계 지향적 태도를 나타낼

표 1-5. 상호 손상 의사소통에 대한 애착수준과 역기능적 태도의 위계적 중다 회귀분석

단계	예언변인	β	R^2	ΔR^2	F
1	애착수준		.11	.11	5.76**
	친밀	-.21**			
	의존가능성	-.12			
	불안	.37**			
2	역기능적 태도		.14	.03	4.29**
	성취 지향적 태도	.19**			
	관계 지향적 태도	.25**			

**p<.01

때 부부간의 건설적 의사소통패턴이 저해될 가능성이 있다.

애착수준과 역기능적 태도가 상호 손상 의사소통을 어느 정도 설명하는지를 분석한 결과를 표 1-5에 제시하였다. 분석 결과 애착수준은 상호 손상 의사소통을 11% 설명해 주었고 역기능적 태도는 3% 설명해 주었다. 애착수준의 하위요인 중 친밀과 의존가능성은 상호 손상 의사소통패턴을 구체적으로 설명해 주었다. 즉 친밀감이 결여되고 상대방에게 의존할 수 없으리라는 기대를 할 때 손상적 의사소통을 나타낼 가능성이 높다. 그러나 애착의 하위요인 중 불안은 상호 손상 의사소통을 구체적으로 설명하지 못하였다.

역기능적 태도의 하위요인 중 관계 지향적 태도는 상호 손상 의사소통패턴을 구체적으로 설명해 주었다. 즉 상대방에게 반드시 인정받고 지지받아야 한다는 역기능적 태도가 부부간의 손상적 의사소통을 설명해 주었다. 그러나 성취 지향적 태도는 상호 손상 의사소통을 설명하지 못하였다.

표 1-6. 상호 회피 의사소통에 대한 애착수준과 역기능적 태도의 위계적 중다 회귀분석

단계	예언변인	β	R^2	ΔR^2	F
1	애착수준		.12	.12	7.02**
	친밀	-.19**			
	의존가능성	-.29**			
	불안	.33**			
2	역기능적 태도		.15	.03	4.37**
	성취 지향적 태도	.15*			
	관계 지향적 태도	.28**			

*p<.05, **p<.01

표 1-6은 애착수준과 역기능적 태도가 상호 회피 의사소통에 미치는 영향을 분석하기 위해 위계적 회귀분석을 시행한 결과이다. 애착수준은 상호 회피 의사소통을 12% 설명하는 것으로 나타났으며 역기능적 태도는 3%를 추가하였다. 친밀 수준이 낮을수록, 불안 수준이 높을수록 상호 회피 의사소통을 나타낼 가능성이 높은 것으로 나타났다. 그러나 의존가능성은 상호 회피 의사소통을 설명하지 못하였다. 즉 부부관계에서 배우자에 대해 친밀감이 부족하고 자신을 멀리할 것이라는 불안수준이 높을수록 대화를 회피하고 중요한 사안에 대해 물러서는 의사소통 방식을 나타냄을 알 수 있다.

역기능적 태도의 하위요인 중 성취 지향적 태도를 나타낼수록 상호 회피 의사소통을 나타낼 가능성이 있다. 즉 배우자가 내릴 평가와 판단에 대한 지나친 염려와 완벽 주의적 행동기준을 나타낼 때 회피적인 의사소통을 나타낼 가능성이 있다.

표 1 - 7. 아내요구 - 남편철회 의사소통에 대한 애착수준과
역기능적 태도의 위계적 중다 회귀분석

단계	예언변인	β	R^2	ΔR^2	F
1	애착수준		.12	.12	7.02**
	친밀	-.19**			
	의존가능성	-.29**			
	불안	.33**			
2	역기능적 태도		.15	.03	4.37**
	성취 지향적 태도	.15*			
	관계 지향적 태도	.28**			

*p<.05, **p<.01

표 1 - 7은 애착수준과 역기능적 태도가 아내요구 - 남편철회 의
사소통을 설명하는 위계적 회귀분석의 결과이다. 애착수준은 아내
요구 - 남편철회 의사소통을 12% 설명하였고 역기능적 태도는 3%
를 추가하였다. 애착수준의 하위요인들은 아내요구 - 남편철회 의
사소통을 설명해 주었다. 즉 친밀감이 결여되고 의존가능성이 낮으
며 불안수준이 높을수록 남편에게 지나치게 확인하고 애정과 지지
를 구하려는 의사소통패턴을 나타낼 가능성이 있다.

역기능적 태도의 하위요인 또한 아내요구 - 남편철회 의사소통을
설명해 주었다. 즉 성취 지향적 태도와 관계 지향적 태도가 강할
수록 남편에게 요구적 의사소통을 나타내는 것으로 나타났다. 성취
지향적 태도와 관계 지향적 태도의 회귀계수의 상대적 크기를 감
안해 볼 때, 성취 지향적 태도보다는 관계 지향적 태도가 아내요
구 - 남편철회 의사소통을 보다 잘 설명해 준다고 볼 수 있다.

분석 결과를 종합하면 애착수준과 역기능적 태도가 부부 의사소
통패턴을 설명하는 위계적 회귀분석 결과들은 통합적 접근의 가정

표 1-8. 상호 회피, 아내요구-남편철회 의사소통패턴에 대한
애착수준과 역기능적 태도의 단계적 중다 회귀분석

준거변인	예언변인	β	R^2	ΔR^2	F
	친밀	-.32**	.10	.10	19.12**
상호 회피	불안	.31**	.17	.07	17.12**
	성취 지향적 태도	.29**	.23	.06	17.05**
	의존가능성	-.37**	.14	.14	27.35**
아내요구 남편철회	불안	.32**	.26	.12	26.73**
	관계 지향적 태도	.30**	.34	.08	19.27**

*p<.05, **p<.01

을 지지해 주었다. 즉 애착수준이 역기능적 태도와 부정적 의사소통패턴을 설명해 주었으며, 특히 역기능적 태도에 비해 애착수준이 부부 의사소통패턴을 더 잘 예언해 주었다. 이런 결과는 통합적 접근에서 가정하는 바와 같이 애착이 역기능적 인지와 부정적 대인관계 패턴의 근간이 될 수 있음을 시사하는 것이다.

표 1-8은 선행연구들(Christensen & Shenk, 1991; 임승락 등, 1998)에서 기혼여성의 결혼 만족도와 가장 높은 부적상관을 보인 상호 회피 의사소통과 아내요구-남편철회 의사소통패턴을 애착수준과 역기능적 태도의 어떤 하위요인이 가장 잘 설명할 수 있는지를 검토하기 위해 단계적 중다 회귀분석을 시행한 결과이다.

분석 결과 기혼여성의 상호 회피 의사소통을 가장 잘 설명해 주는 변인은 애착수준의 하위요인 중 친밀이었다. 즉 친밀은 상호 회피 의사소통을 10% 설명해 주었으며, 불안과 성취 지향적 태도가 각기 7%, 6%의 설명력을 더하였다. 아내요구-남편철회 의사소통의 경우 의존가능성이 14%의 설명력을 나타내었고, 불안이 12%, 그리고 관계 지향적 태도가 8%의 설명력을 나타내었다. 이

결과는 아내가 경험하는 친밀감 부족과 불안 및 성취 지향적 태도
가 남편과 중요한 갈등영역에서의 대화를 피하거나 어렵게 만드는
요인으로 작용할 수 있음을 시사한다. 또한 남편에게 의존하고자
하는 욕구는 높으나 그 가능성에 대해 불안을 느끼거나 남편에게
승인받고 인정받아야만 한다는 태도가 지나칠 때 남편에게 지나치
게 매달리고 요구하는 태도를 나타낼 가능성이 있음을 알 수 있다.
이런 측면을 고려해 볼 때, 기혼여성의 부부문제에 개입할 때에는
역기능적 부부 의사소통패턴을 가장 잘 설명해 주는 것으로 드러
난 이들 변인을 변화시킬 필요가 있겠다.

(4) 우울에 대한 인지-대인관계 변인의 상대적 설명력

인지-대인관계 접근에서는 애착이 역기능적 인지와 대인관계
패턴의 근원이며 결과적으로 이들 역기능성이 우울을 낳는다고 본
다. 따라서 애착, 역기능적 태도 및 부부 의사소통패턴은 우울을
설명해 주며, 애착이 역기능적 태도와 부부 의사소통패턴에 비해
우울에 대한 설명력이 더 높을 것으로 기대할 수 있다. 이런 측면
을 검토하기 위해 위계적 중다 회귀분석을 사용하여 첫 단계에 애
착수준을 투입하였고 두 번째 단계에서 역기능적 태도를, 세 번째
단계에서 부부 의사소통패턴을 투입하여 이들 변인의 우울에 대한
설명력의 차이를 비교해 보았다(표 1-9).

표 1-9에서와 같이 애착수준, 역기능적 태도 및 부부 의사소통
패턴이 기혼여성의 우울을 설명하는 정도에는 차이가 있었다. 즉
애착수준이 우울을 18% 설명해 주었고 역기능적 태도는 6%, 부부

표 1-9. 우울에 대한 인지-대인관계 변인의 위계적 중다 회귀분석

단계	예언변인	β	R^2	ΔR^2	F
1	애착수준		.18	.18	15.46**
	친밀	-.39**			
	의존가능성	-.36**			
	불안	.41**			
2	역기능적 태도		.24	.06	14.25**
	성취 지향적 태도	.32**			
	관계 지향적 태도	.28**			
3	부부 의사소통패턴		.35	.11	15.39**
	상호 건설	-.39**			
	상호 손상	.19*			
	상호 회피	.35**			
	아내요구-남편철회	.37**			

*p<.05, **p<.01

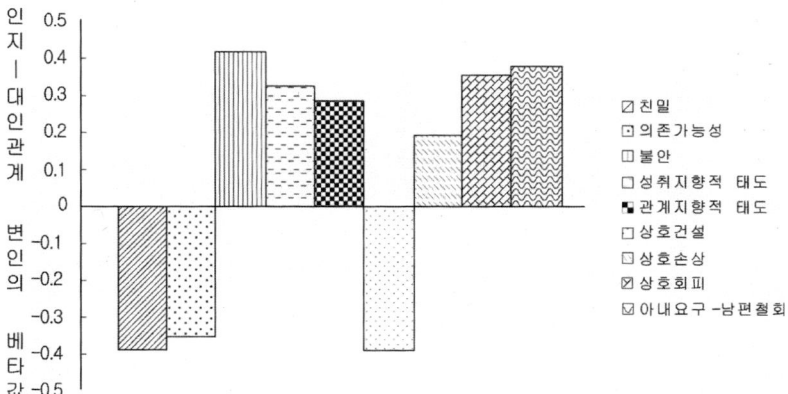

그림 1-1. 인지-대인관계 변인의 우울에 대한 설명

의사소통패턴은 11%의 설명력을 나타내었다. 이들 변인이 우울의 35%를 설명해 주었다. 애착수준이 역기능적 태도와 부부 의사소통패턴에 비해 우울에 대한 설명변량이 가장 큰 것으로 나타났는데,

이는 통합적 접근에 부합하는 것으로 해석될 수 있다. 우울에 대한 애착, 역기능적 태도, 부부 의사소통패턴의 설명양상을 그림 1-1에 제시하였다. 그림에서, 전체적으로 애착의 하위변인들은 우울을 설명하는 데 있어 고르게 기여하고 있음을 알 수 있다.

(5) 결혼 만족도에 대한 인지-대인관계 변인의 상대적 설명력

표 1-10은 애착, 역기능적 태도, 부부 의사소통패턴 및 우울이 전반적 불만족을 설명하는 위계적 회귀분석 결과이다. 분석 결과, 이들 인지-대인관계 변인과 우울이 전반적 불만족을 설명하는 정도에는 차이가 있었다. 애착수준은 전반적 불만족을 25% 설명하였으며, 친밀수준이 높을수록 만족도가 높은 반면, 의존가능성이 낮고 불안 수준이 높을수록 전반적인 만족도가 떨어지는 경향을 보였다. 역기능적 태도는 전반적 불만족을 4% 설명하였으며, 성취 지향적 태도와 관계 지향적 태도가 강할수록 전반적 만족도는 낮아지는 것으로 나타났다.

부부 의사소통패턴은 애착수준에 비해서는 전반적 불만족에 대한 설명력이 상대적으로 낮으나 16%의 설명력을 보임으로써 결혼 만족도에 미치는 부부 의사소통패턴의 중요성을 강조한 선행연구 결과(임승락, 권정혜, 1998; 이정은, 이영호, 2001)들이 재확인되었다. 구체적으로 상호 건설 의사소통을 많이 할수록 만족도가 높으며 상호 회피, 상호 손상 및 아내요구-남편철회 의사소통을 나타낼수록 만족도가 떨어지는 것으로 나타났다. 회귀계수의 상대적 크기는 기혼여성의 결혼 만족도에 미치는 부부 의사소통패턴의 효과에서 상호 회피 및 요구 - 철회 의사소통의 중요성을 강조한 선행 연구 결과(장문선, 김영환, 2002)와 부합된다.

우울은 전반적 불만족을 13% 설명해 주었다. 결혼 만족도에 대한 우울의 설명변량이 인지 - 대인관계 변인에 비해 상대적으로 낮은 이유는 우울의 변량 속에 애착, 역기능적 태도 및 부부 의사소통패턴의 변량이 상당 부분 포함되어 있기 때문으로 해석할 수 있다. 이 결과는 기혼여성의 결혼 불만족과 관련된 우울의 기제로서 애착의 문제를 강조한 인지 - 대인관계 접근을 지지하는 것이다. 전반적 불만족에 대한 애착, 역기능적 태도, 부부 의사소통패턴 및 우울의 설명양상을 그림 1 - 2에 제시하였다.

표 1 - 10. 전반적 불만족에 대한 인지 - 대인관계 변인과 우울의 위계적 중다 회귀분석

단계	예언변인	β	R^2	ΔR^2	F
1	애착수준		.25	.25	18.26**
	친밀	- .32**			
	의존가능성	- .35**			
	불안	.39**			
2	역기능적 태도		.29	.04	14.25**
	성취지향적 태도	.27**			
	관계지향적 태도	.31**			
3	부부 의사소통패턴		.45	.16	15.39**
	상호 건설	- .37**			
	상호 손상	.21**			
	상호 회피	.34**			
	아내요구 - 남편철회	.39**			
4.	우울		.58	.13	13.82**

*p<.05. **p<.01

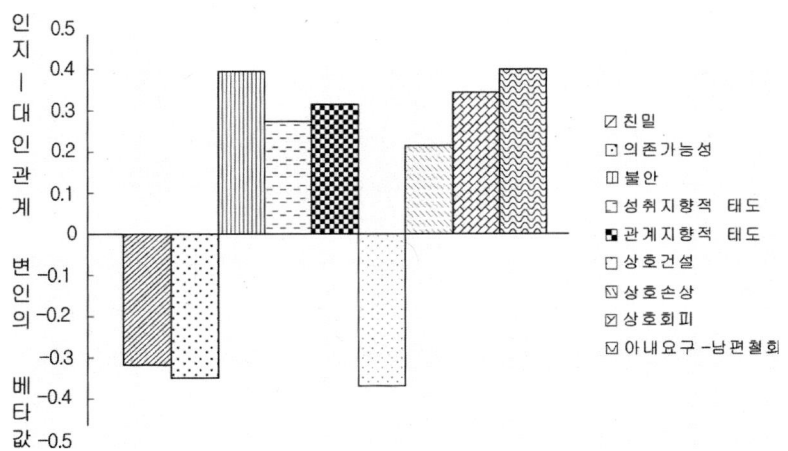

그림 1-2. 인지-대인관계 변인의 전반적 불만족에 대한 설명

표 1-11. 성적 불만족에 대한 인지-대인관계 변인과 우울의 위계적 중다 회귀분석

단계	예언변인	β	R^2	ΔR^2	F
1	애착수준		.12	.12	6.84**
	친밀	-.25**			
	의존가능성	-.13			
	불안	.26**			
2	역기능적 태도		.14	.02	3.18**
	성취 지향적 태도	.11			
	관계 지향적 태도	.12			
3	부부 의사소통패턴		.23	.09	4.59**
	상호 건설	-.33**			
	상호 손상	.37**			
	상호 회피	.15*			
	아내요구-남편철회	.21**			
4.	우울		.34	.11	5.63**

*$p<.05$, **$p<.01$

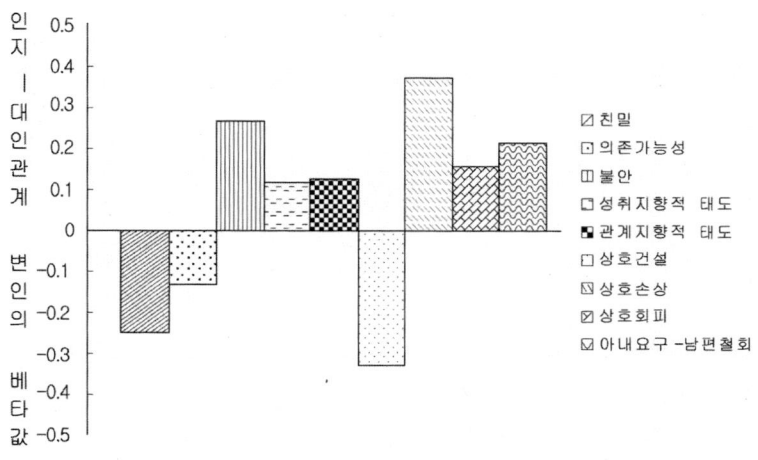

그림 1-3. 인지-대인관계 변인의 성적 불만족에 대한 설명

애착수준, 역기능적 태도, 부부 의사소통패턴 및 우울이 성적 불만족을 설명하는 위계적 회귀분석 결과를 표 1-11에 제시하였고, 성적 불만족에 대한 이들 변인의 구체적 설명양상은 그림 1-3에 제시하였다. 분석 결과 애착, 역기능적 태도, 부부 의사소통패턴 및 우울이 성적 불만족을 설명하는 정도에는 상대적인 차이가 있었으나 전반적 불만족처럼 두드러진 것은 아니었다. 애착은 성적 불만족의 12%를 설명해 주었고 역기능적 태도는 2%, 부부 의사소통패턴은 9%, 우울이 11%의 설명력을 나타내었다.

애착수준, 역기능적 태도, 부부 의사소통패턴 및 우울이 기혼여성의 성적 불만족을 34% 설명해 주었다. 애착수준의 하위요인 중 친밀과 불안은 성적 불만족을 설명해 주었으나 의존가능성은 전반적 불만족과는 달리 성적 불만족을 설명하지 못하였다. 역기능적 태도의 하위요인인 성취 지향적 태도와 관계 지향적 태도 또한 성적 불만족을 설명하지 못하였다.

부부 의사소통패턴의 하위요인들은 성적 불만족을 설명해 주었다. 부부간에 건설적 의사소통을 할수록 성적 만족도가 높아지는 반면, 손상적이고 회피적이며 요구-철회적인 의사소통을 나타낼수록 성적 만족도가 떨어질 것으로 예상할 수 있다. 특히 이들 하위요인들에 대한 회귀계수의 상대적 크기를 감안해 볼 때, 상호 손상 의사소통패턴이 성적 불만족을 가장 잘 예언할 것으로 예상할 수 있다. 이런 결과는 성적 불만족은 전반적 불만족과는 달리 회피적이고 요구-철회적인 의사소통보다는 욕설이나 폭력 등과 연관될 수 있는 손상적 의사소통에 의해 더 영향을 받을 수 있음을 시사하는 것이다.

성적 불만족에 대한 우울의 설명력(11%)은 애착수준(12%)과 거의 비슷한 수준이었다. 이런 결과는 성 만족도의 경우 배우자에 대한 친밀성, 의존욕구 및 불안과 같은 애착의 문제뿐 아니라 전반적인 정신 신체적 에너지 수준과 밀접한 관련이 있는 우울에도 민감한 영향을 받을 수 있음을 시사해 준다.

이상에서 연구 1-A의 결과들은 요약하면 다음과 같다. 첫째, 애착형성에서의 질적 측면이 기혼여성의 역기능적 태도, 부부 의사소통패턴, 우울 및 결혼 만족도와 밀접한 상관을 보였다. 구체적으로 애착수준의 하위요인들은 다른 인지-대인관계 변인에 비해 전반적 불만족과 더 높은 상관을 나타내었다.

둘째, 상호 회피 의사소통과 아내요구-남편철회 의사소통패턴을 애착과 역기능적 태도가 설명해 주었다. 구체적으로 친밀과 불안 및 성취 지향적 태도가 상호 회피 의사소통을 설명해 주었고, 의존가능성, 불안 및 관계 지향적 태도는 아내요구-남편철회 의사소통을 설명해 주었다. 이런 결과를 이전까지 기혼여성의 부부관계를 향상시키기 위해 산만하고 방만하게 시도된 부부 의사소통훈련에 적용할 필요가 있다.

셋째, 애착수준, 역기능적 태도, 부부 의사소통패턴이 우울을 어느 정도 설명할 수 있는지를 분석하였다. 그 결과 애착수준이 우울을 18% 설명하였고 역기능적 태도는 6%, 부부 의사소통패턴은 11%의 설명력을 나타내었다. 이들 인지-대인관계 변인이 기혼여성의 우울을 35% 설명해 주었다. 우울에 대한 애착수준의 설명력이 다른 인지-대인관계 변인에 비해 가장 높다는 점은 우울을 야기하는 역기능적 인지와 부정적 대인관계 패턴의 근원이 애착문제에 있음을 강조한 통합적 접근의 가정을 지지해 주는 것이다.

넷째, 애착수준, 역기능적 태도, 부부 의사소통패턴 및 우울이 전반적 불만족과 성적 불만족을 어느 정도 설명할 수 있는지를 분석하였다. 그 결과 애착수준이 전반적 불만족을 25% 설명하였고 역기능적 태도는 4%의 설명력을, 부부 의사소통패턴은 16%의 설명력, 그리고 우울은 13%의 설명력을 나타내었다. 이들 변인이 기혼여성의 전반적 결혼 불만족을 58%를 설명해 주었다. 성적 불만족의 경우, 애착은 12%의 설명력을, 역기능적 태도는 2%, 부부 의사소통패턴은 9%, 그리고 우울은 11%의 설명력을 나타내었다. 이들 변인이 기혼여성의 성적 불만족을 34% 설명해 주었다. 이 밖에 인지-대인관계 변인 및 우울이 전반적 불만족과 성적 불만족을 설명하는 구체적인 양상에도 차이가 있었다. 따라서 기혼여성의 결혼 만족도를 향상시키기 위해 치료적 개입을 할 때 이들 변인의 상대적 기여도를 파악하여 치료적 초점을 달리할 필요가 있다.

2. 연구 1 - B: 통합적 예언모형의 검증

앞선 연구 1 - A의 결과는 애착수준, 역기능적 태도, 부부 의사소통패턴 및 우울이 기혼여성의 결혼 만족도와 어떠한 상관관계를 보이는지, 그리고 이들 변인이 결혼 만족도에 대해 각기 어느 정도의 설명력을 나타내는지를 보여 주었다. 그러나 이들 변인들이 인지 - 대인관계 접근에서 주장하는 바와 같은 인과적 구조를 나타내는지는 검증되지 못하였다. 이런 필요에 따라 본 연구 1 - B에서는 인지적 접근, 대인관계 접근의 가정을 AMOS(Analysis of MOment Structure) 구조방정식 모형으로 구축하고 이들 모형의 적합성을 검증해 보고자 하였다. 또한 이들 두 접근을 애착개념을 중심으로 결합한 통합적 접근의 이론적 틀을 변인들 간의 인과관계 모형으로 구축하고 그 적합성을 검증해 보고자 하였다. 구체적으로 애착수준, 역기능적 태도, 부부 의사소통패턴, 우울 및 결혼 불만족 간의 인과관계를 구조방정식을 이용해 모형으로 구축하고, 그 적합성을 검증하기 위해 최대우도 추정법을 사용하였다.

1) 방법

(1) 연구대상

연구 1 - A의 집단과 동일하였다.

(2) 연구도구

연구 1 - A에서 사용한 연구도구와 동일하였다.

(3) 자료 분석

구조방정식(Structural Equation Modeling: SEM)을 이용하여 인지적 접근과 대인관계 접근 및 통합적 접근의 변인 간 관계를 구조모형을 구축하고 그 적합성을 검증하고자 하였다. 구조방정식은 인과분석을 위해 요인분석과 회귀분석을 개선적으로 결합한 형태라 할 수 있다. 구조방정식의 구성은 측정모형(Measurement Model)과 이론모형(Structural Model)을 통해 모형 간의 인과관계를 파악하는 방정식 모형을 의미한다. 측정모형이란 측정변수와 이론변수의 관계를 나타내는 모형으로서, χ의 변수 군과 이 변수 군으로 구성된 요인과의 관계를 수식으로 나타낸 것을 의미한다. 이론모형이란 이론변수 간에 어떤 구조적 관계를 가지고 있는가를 의미하는 것으로서, χ에 관한 측정모형을 통한 외생개념과 y에 관한 측정모형을 통한 내생개념을 결합하여 관계화한 모형을 의미한다.

인지적 접근의 모형을 구축하기 위해 사용된 잠재구성개념은 역기능적 태도, 우울 및 결혼 불만족이며, 역기능적 태도는 성취 지향적 태도와 관계 지향적 태도의 2개 측정변인으로, 우울은 부정적 태도, 수행곤란 및 신체적 요소의 3개 측정변인으로, 결혼 불만족은 전반적 불만족과 성적 불만족이라는 2개 측정변인으로 구성되었다.

대인관계 접근의 모형을 구축하기 위해 사용된 잠재구성개념은 부부 의사소통패턴, 우울 및 결혼 불만족이며 부부 의사소통패턴은 상호 건설, 상호 손상, 상호 회피, 아내요구－남편철회 의사소통이라는 4개 측정변인으로, 우울은 부정적 태도, 수행곤란 및 신체적 요소의 3개 측정변인으로, 결혼 불만족은 전반적 불만족과 성적 불만족이라는 2개 측정변인으로 구성되었다.

애착개념을 중심으로 인지적 접근과 대인관계 접근을 결합한 통합적 예언모형을 구축하기 위해 사용된 잠재구성개념은 애착수준, 역기능적 태도, 부부 의사소통패턴, 우울 및 결혼 불만족이다. 역기능적 태도, 부부 의사소통패턴, 우울 및 결혼 불만족을 구성하는 측정변인은 기존모형과 동일하고 애착수준은 친밀, 의존가능성, 불안이라는 3개의 측정변인으로 구성되었다.

잠재구성개념에 대한 측정치를 제공하고 측정 모형을 검증하기 위해 각 잠재구성개념에서 하나의 관찰변인은 1.00으로 고정시켰으며 관찰변인의 측정오차변량은 0으로 고정시켰다. 자료는 최대우도법(maximum likelihood estimate)을 사용하여 분석하였다.

모델의 적합도를 검증하기 위해 구조방정식 모델을 산출하는 AMOS 4.0 프로그램을 사용하였다. 모형의 평가를 위해 첫 단계에서는 x^2의 p값(.05 이상이 바람직함), 기초 부합치 GFI(Goodness of FIT Index: .90 이상이 바람직함), 조정 부합치 AGFI(Adjusted Goodness of Fit Index: .90 이상이 바람직하며 .80이상이면 대체로 무난함) 및 원소 간 평균차 RMR(Root Mean－Square Residual: .05 이하가 바람직함), 간명 적합지수 PGFI(Parsimony Goodness of Fit Index: .60이상이 바람직하나 비교모형에 비해 높을수록 좋음) 등을 사용하였다(김계수, 2002).

2) 결과 및 논의

(1) 인지적 접근의 구조모형 검증

인지적 접근에서 역기능적 태도, 우울 및 결혼 불만족과의 관계에 대한 AMOS 모형의 검증결과를 그림 1-4에 제시하였다. 모형을 통해 측정모형과 구조모형에 대한 모수 추정을 하였다. 그림에 나타난 결과는 표준화된 결과이며, 화살표 위에 표시된 수치는 표준화 회귀계수로 회귀방정식의 β계수를 의미한다. 즉 상대적으로 비교할 수 있는 수치이다. 또한 잠재구성개념과 측정변인의 오른쪽 위에 표시된 수치는 ϒ2를 나타낸다.

전체적인 모형의 적합도 검증(Goodness of Fit)의 기준이 되는 χ2 값이 24.32(df=11, n=685)이었으며 이 값의 통계적인 유의도(p)는 .23이었다. 즉 이 모형으로 추정된 값과 모집단의 경향성이 매우 근접하고 있어서 통계적으로 유의미한 차이가 없다는 결론이므로 좋은 모형이라 할 수 있다.

전반적인 적합도 지수는 표 1-12에 제시하였으며 최대우도 추정값은 표 1-13에 제시하였다. 여기서 연구모형은 연구자가 검증하고자 하는 모형을 나타내며 포화모형은 완벽한 모델을 가리키는

표 1-12. 인지적 모형의 적합도 지수

모형	RMR	GFI	AGFI	PGFI
연구모형(Default model)	.05	.87	.89	.60
포화모형(Saturated model)	.00	1.00		
독립모형(Independence model)	.18	.35	.40	.35

데, 이것은 '좋은 모델'의 의미가 아니라 추정 파라미터의 개수를 가장 많이 했을 때의 모델을 말하는 것으로 의미가 없는 모델이다. 독립모형은 최악의 모델을 의미하는 것으로 추정 파라미터의 개수를 가장 적게 했을 때의 모델을 말한다. 즉 포화모형이나 독립모형은 그 중간에 해당되는 연구모델과 비교하기 위해 준비된 극단적인 모델이라 할 수 있다. RMR은 .05 이하일 때, GFI와 AGFI는 .90 이상일 때(.80 이상이면 대체로 무난함), 그리고 PGFI는 비교모형에 비해 높을수록(.60 이상이면 바람직함) 적합한 모형이라 해석할 수 있는데, 이러한 기준을 적용할 때 인지적 접근의 구조모형은 대체로 적합한 것으로 해석할 수 있다(김계수, 2002).

그림 1－4에서, 역기능적 태도는 우울을 야기함으로써 결혼생활에서 전반적인 만족도와 성적 만족도를 저해시키는 것으로 해석할 수 있다. 역기능적 태도는 결혼 불만족에 우울을 통한 간접적 영향뿐 아니라 직접적 영향 또한 미치는 것으로 검증되었다. 즉 성취 지향적이고 관계 지향적인 역기능적 태도는 우울의 11%를 설

표 1－13. 인지적 모형의 최대우도 추정값

경로	인과계수	표준오차	검정 통계량
역기능적 태도→우울	.26	.04	7.25
우울→결혼 불만족	.38	.08	5.72
역기능적 태도→결혼 불만족	.22	.05	4.67
역기능적 태도→성취 지향적 태도	1.00		
역기능적 태도→관계 지향적 태도	.74	.08	9.02
우울→부정적 태도	1.00		
우울→수행곤란	.83	.09	9.13
우울→신체적 요소	.81	.09	8.75
결혼 불만족→전반적 불만족	1.00		
결혼 불만족→성적 불만족	.80	.09	8.45

명해 주었고 역기능적 태도와 우울이 결혼 불만족의 28%를 설명
하였다. 이 결과는 역기능적 태도가 우울 및 결혼 만족도에 미치
는 영향을 강조한 선행연구 결과들(Beck et al., 1979; Dozois et al.,
2001)을 지지하는 것으로 해석할 수 있다.

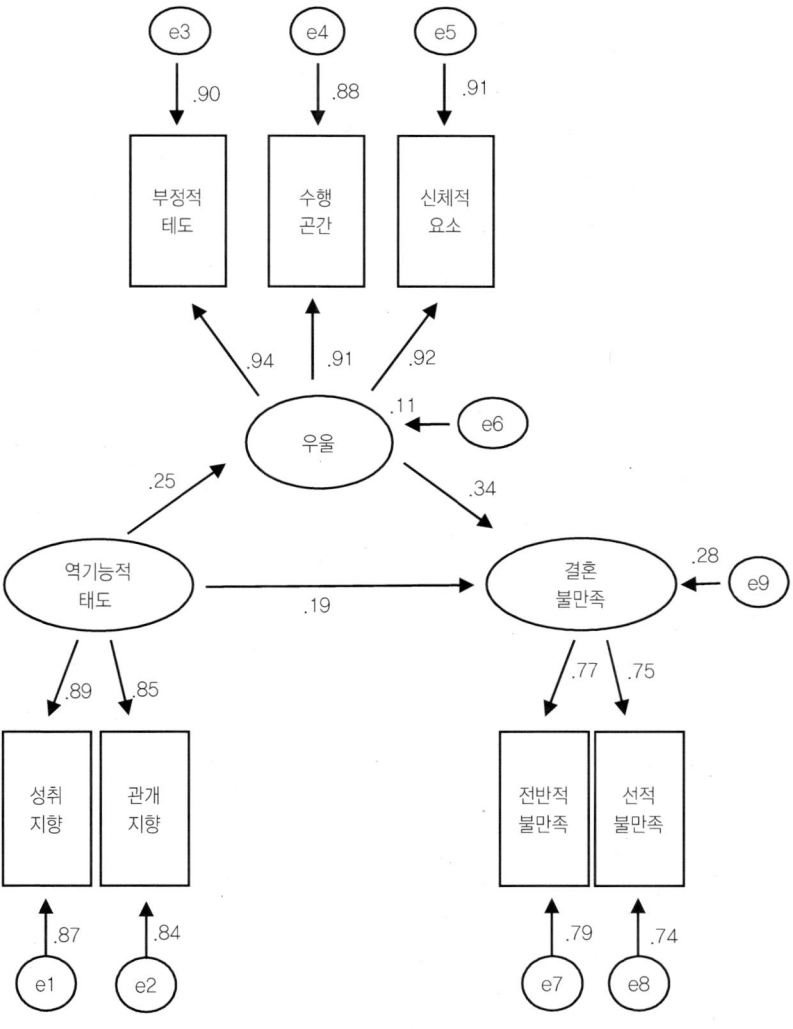

그림 1-4. 인지적 접근의 구조방정식 모형

(2) 대인관계 접근의 구조모형 검증

대인관계 접근의 변인 간 인과관계를 구조방정식을 통해 모형으로 구축한 것이 그림 1-5이며, 구조모형의 적합성 지수를 표 1-14에, 그리고 최대우도 추정값을 표 1-15에 제시하였다. 구조모형의 전체적인 적합도 검증의 기준이 되는 $x2$이 30.21(df=22, n=685)이었고 p값은 .26으로서 자료가 모형에 적합하다는 귀무가설을 지지하는 것으로 나타났다. 모형의 전반적인 부합도를 평가하는 GFI, AGFI, RMR 및 PGFI 값이 기준을 충족하는 것으로 나타났으며, 모형에 포함된 모든 경로계수가 통계적으로 유의미하였다.

표 1-14. 대인관계 모형의 적합도 지수

모형	RMR	GFI	AGFI	PGFI
연구모형(Default model)	.04	.92	.90	.61
포화모형(Saturated model)	.00	1.00		
독립모형(Independence model)	.19	.36	.42	.37

표 1-15. 대인관계 모형의 최대우도 추정값

경로	인과계수	표준오차	검정 통계량
부부 의사소통패턴→결혼 불만족	.33	.04	8.15
부부 의사소통패턴→우울	.35	.05	7.26
우울→결혼 불만족	.37	.06	6.24
부부 의사소통패턴→상호 건설	-.77	.09	-.8.91
부부 의사소통패턴→상호 손상	1.00		
부부 의사소통패턴→상호 회피	.75	.10	7.79
부부 의사소통패턴→아내요구-남편철회	.80	.09	9.36
우울→부정적 태도	1.00		

경로	인과계수	표준오차	검정 통계량
우울→수행곤란	.81	.09	8.84
우울→신체적 요소	.84	.09	8.11
결혼 불만족→전반적 불만족	1.00		
결혼 불만족→성적 불만족	.89	.09	9.37

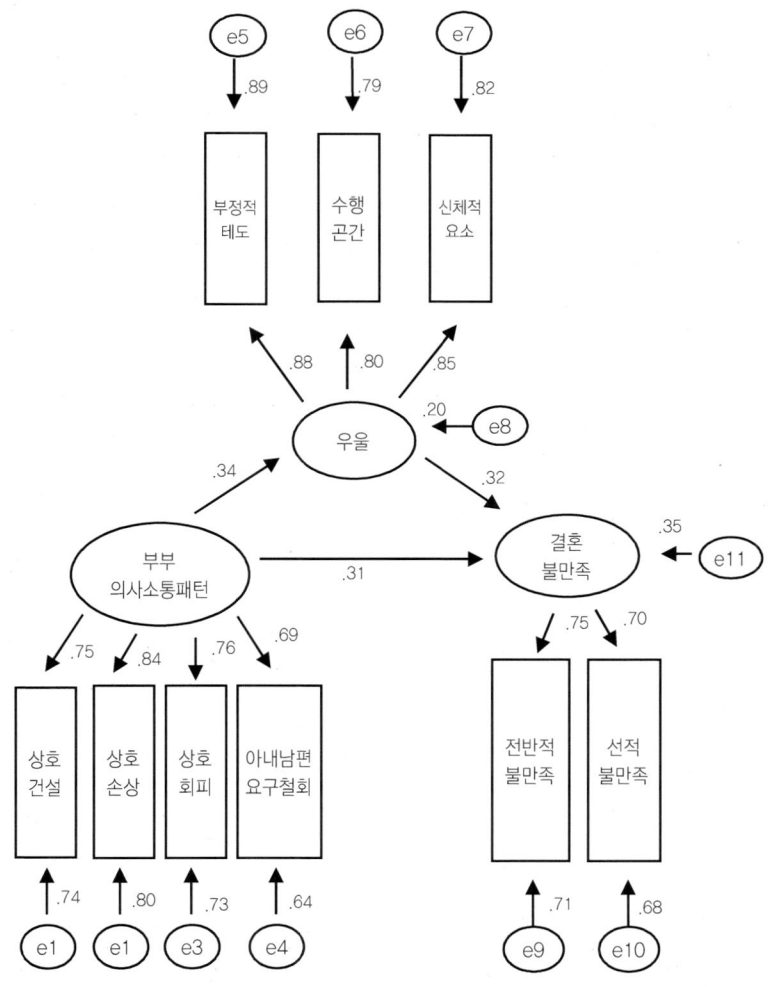

그림 1-5. 대인관계 접근의 구조방정식 모형

그림 1 – 5에서 볼 수 있듯이, 부부 의사소통패턴은 우울을 야기
하였고 우울은 결혼 만족도를 저하시키는 것으로 나타났다. 부부
의사소통패턴은 결혼 불만족에 우울을 통한 간접적인 영향뿐 아니
라 직접적인 영향 또한 미치는 것으로 검증되었다. 즉 건설적이지
못한 손상적이고 회피적이며 요구 – 철회적인 의사소통방식은 우울
을 경유하여 결혼 불만족에 간접적인 영향을 미치기도 하며 직접
적으로도 영향을 미칠 수 있음을 알 수 있다. 구체적으로 부부 의
사소통패턴의 직접적 영향 및 우울을 통한 간접적 영향이 결혼 불
만족 변량의 35%를 설명하였다. 이런 결과는 대인관계 접근에서
부부 의사소통패턴이 우울 및 결혼 불만족에 미치는 영향을 강조
한 일련의 연구들(Barnett & Gotlib, 1988b; Hammen, 1991)을 지
지하는 것으로 해석할 수 있다.

이상에서 인지적 접근과 대인관계 접근에 근거한 구조모형의 적
합성을 검증해 보았다. 구체적으로 인지적 접근은 결혼 불만족을
28% 설명해 주었고 대인관계 접근은 35% 설명해 주었다. 따라서
이런 설명변량을 중심으로 두 모형을 비교하자면 대인관계 접근이
인지적 접근에 비해 결혼 불만족과 관련된 우울의 기제를 더 잘
설명해 주는 모형임을 알 수 있다.

(3) 통합적 예언모형의 검증

인지적 접근과 대인관계 접근을 애착변인을 중심으로 결합한 통
합적 접근을 변인 간 인과관계 모형으로 구축한 구조모형의 적합
성 지수와 최대우도 추정값은 표 1 – 16과 표 1 – 17에 제시하였다.

구조모형의 전체적인 적합도 검증의 기준이 되는 χ2이 52.19(df=65, n=685)이었고 p값은 .32로서 자료가 모형에 적합하다는 귀무가설을 지지하는 것으로 나타났다. 또한 모형의 전반적인 부합도를 평가하는 GFI, AGFI, RMR, PGFI가 기준을 충족하였다. 최대우도 추정값을 통해 모형의 경로계수의 유의성을 검증한 결과 모형에 포함된 모든 경로계수 또한 통계적으로 유의하였다.

그림 1-6에서 애착수준은 역기능적 태도에 유의한 영향을 미쳤고 역기능적 태도는 부부 의사소통패턴을 이끌며 결과적으로 이들 변인이 우울의 38%를 설명해 주었다. 이들 인지-대인관계 변인에 의해 야기된 우울은 결혼 불만족을 설명해 주었다. 애착은 역기능적 태도, 부부 의사소통패턴의 매개 작용을 통해 결혼 불만족에 간접적 영향을 미칠 뿐 아니라 직접적으로도 결혼 불만족을 야기할 수 있다. 이런 영향이 기혼여성의 결혼 불만족의 53%를 설명해 주었다.

표 1-16. 통합적 예언모형의 적합도 지수

모형	RMR	GFI	AGFI	PGFI
연구모형(Default model)	.03	.94	.93	.60
포화모형(Saturated model)	.00	1.00		
독립모형(Independence model)	.19	.36	.42	.40

표 1-17. 통합적 예언모형의 최대우도 추정값

경로	인과계수	표준오차	검정 통계량
애착수준→역기능적 태도	-.22	.03	-8.25
애착수준→우울	-.29	.07	-4.31
부부 의사소통패턴→우울	.42	.09	4.50
우울→결혼 불만족	.45	.06	7.29
애착수준→결혼불만족	-.35	.09	-4.11
역기능적 태도→결혼 불만족	.24	.09	2.56
역기능적 태도→부부 의사소통패턴	.31	.09	3.27
부부 의사소통패턴→결혼 불만족	.35	.10	3.37
애착수준→친밀	1.00		
애착수준→의존가능성	.65	.06	11.03
애착수준→불안	-.73	.07	-10.87
역기능적 태도→성취 지향적 태도	1.00		
역기능적 태도→관계 지향적 태도	.71	.08	9.08
부부 의사소통패턴→상호 건설	-.59	.08	-7.12
부부 의사소통패턴→상호 손상	1.00		
부부 의사소통패턴→상호 회피	.70	.12	5.96
부부 의사소통패턴→아내요구-남편철회	.68	.11	6.31
우울→부정적 태도	1.00		
우울→수행곤란	.90	.09	10.54
우울→신체적 요소	.82	.10	7.91
결혼 불만족→전반적 불만족	1.00		
결혼 불만족→성적 불만족	.84	.08	9.95

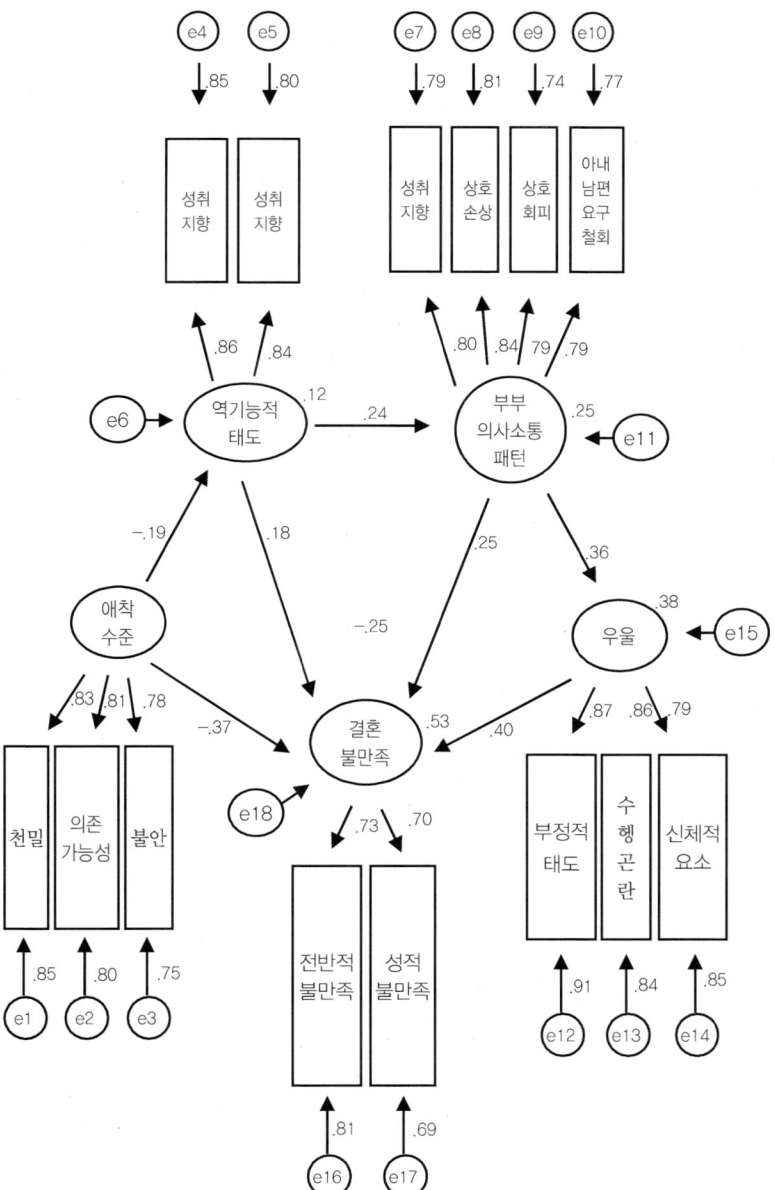

그림 1-6. 통합적 접근의 구조방정식 모형

연구 1 - B의 결과를 요약하면 다음과 같다. 첫째, 결혼 불만족과 관련된 우울의 기제에 대한 인지적 접근과 대인관계 접근의 구조모형이 적합한 것으로 검증되었다. 즉 역기능적 태도와 부부 의사소통패턴은 우울을 통해 결혼 불만족에 간접적 영향뿐 아니라 직접적인 영향을 주는 것으로 해석할 수 있다. 결혼 불만족에 대한 설명변량의 측면을 중심으로 인지적 접근과 대인관계 접근의 효용성을 비교해 볼 때, 대인관계 접근이 인지적 접근에 비해 보다 효율적인 모형임이 검증되었다. 즉 인지적 접근의 결혼 불만족에 대한 설명변량은 28%인 반면 대인관계 접근의 설명변량은 35%인 것으로 나타났다.

둘째, 인지 - 대인관계 접근을 변인 간의 인과관계 모형으로 구축하고 그 적합성을 검증하였다. 분석 결과 통합적 접근의 가정처럼 애착의 문제가 역기능적 인지도식과 부정적 부부 의사소통패턴을 일으키는 근원이며, 이런 역기능성이 우울과 결혼 불만족을 설명해 주었다. 애착수준은 역기능적 태도의 12%를 설명하였고 애착수준과 역기능적 태도는 부부 의사소통패턴을 25% 설명해 주었다. 애착수준은 이들 변인의 매개 작용을 통한 간접적 영향과 직접적 영향을 통해 우울의 38%를 설명하였다. 결론적으로, 애착수준, 역기능적 태도, 부부 의사소통패턴, 우울의 직·간접적인 영향으로 결혼 불만족의 53%가 설명되었다.

기존의 인지적 접근의 구조모형과 대인관계 접근의 구조모형을 애착을 중심으로 통합한 결과 우울과 결혼 불만족에 대한 설명변량이 현저히 증가하였으며 적합도 지수 또한 개선되었다. 이런 결과는 결혼 불만족과 우울의 관계에 대한 통합적 접근이 기존의 인지적 접근과 대인관계 접근에 비해 더 타당성 있는 이론적 틀이 될 수 있음을 시사하는 것이다. 이런 점을 감안해 볼 때, 기혼여성을 대상으로 부부치료를 할 때에는 기존의 인지 치료나 대인관계 치료에서처럼 직접적으로 역기능적 인지 및 대인관계 기술을 수정하기 위한 개입을 하는 것에 부가하여, 이런 역기능의 근원에 애착문제가 있음을 주목하고 이를 함께 치료과정에서 다루어 줄 필요가 있다.

IV

연구 2: 치료적 개입의 효과

실패하는 것은 결혼이 아니라 사람이다.
결혼생활은 사람의 진면모를 보여 주는 것이므로……

— Fosdick

Ⅳ

연구 2: 치료적 개입의 효과

　인지 - 대인관계 접근에서는 결혼 불만족과 우울과의 관계를 다음과 같이 설명한다. 우울을 유발하는 것으로 알려진 역기능적 인지와 부적응적 대인관계 패턴의 기저에는 초기 양육자와의 애착경험이 놓여 있다고 강조한다. 따라서 이 접근에 근거한 부부치료의 효과를 검증하기 위해서는 역기능적 인지와 부적응적 대인관계 패턴에 대한 수정에 초점을 두는 기존의 인지치료 및 대인관계 치료 절차만으로는 불충분하다. 즉 인지 및 대인관계 취약성의 근원이 유아기 양육자와의 정서적 유대관계 경험에 있음을 인식하도록 하고 이런 통찰을 통해 배우자와 보다 현실적이고 건강한 관계를 형성할 수 있도록 도움을 주는 절차가 필요하다.

　이런 점을 고려하여 연구 2에서는 우울한 사람의 부부문제를 치료하기 위해 사용되어 온 기존의 인지치료 및 대인관계 치료를 검토하는 것에서 더 나아가, 이들 치료적 요소에 유아기 양육자와의 관계패턴이 현재 부부관계에 미치는 영향을 이해하고 탐색하도록 하는 인지 - 대인관계 치료의 효과를 검토해 보고자 하였다.

이런 목적을 위해 본 연구에서는 신경정신과에서 외래치료를 받고 있는 기혼여성 우울증 환자를 세 집단으로 구분하여 무선배치하고 치료적 개입 전후의 결혼 만족도의 변화 양상을 비교해 보았다. 연구에 포함된 세 집단은 다음과 같다; 1) 치료적 개입 없이 사전, 사후 및 추후 평가만 시행하는 통제집단 2) 역기능적 인지와 부정적 부부 의사소통패턴에 대한 인지 행동 수정 절차를 포함한 치료요소 통제집단(기존의 인지치료 및 대인관계 치료 절차로 구성됨) 3) 치료요소 통제집단의 절차에 초기 애착의 문제가 현재의 부부관계에 미치는 영향을 이해하고 분리하는 과정을 포함시킨 인지 - 대인관계 치료집단.

본 연구에서 개입 효과를 보기 위해 사후 및 추후 두 번에 걸쳐 측정한 이유는, 사전점수 대 사후점수는 치료효과를 반영해 주고 사후점수 대 추후점수는 치료효과의 유지를 반영해 주기 때문이다[6]. 본 연구에서 치료효과를 드러내는 결혼 만족도 측정치로는 전반적 불만족[7], 정서적 친밀감 불만족[8], 문제해결 의사소통 불만족[9] 및 성적 불만족[10] 척도가 있다.

본 연구 2의 결과를 다음과 같이 예상할 수 있다.

---

6) 보다 엄밀한 의미의 개입효과는 통제조건의 자발적 치유효과를 제거한 값을 의미한다.

7) 전반적인 부부관계에 대한 느낌이나 태도와 관련되는 것으로, 미래에 대한 부정적인 기대와 별거 또는 이혼에 대한 심각한 고려 등을 반영해 준다.

8) 배우자에게 느끼는 애정과 정서적 친밀감에 대한 불만족을 측정해 준다.

9) 부부간의 의견 차이를 해결하는 데 존재하는 전반적인 비효율성을 측정해 주며, 내적인 거리감보다는 겉으로 드러난 명백한 불일치를 측정한다.

10) 배우자와의 성생활에서 성행위의 빈도와 질 그리고 다른 성적 활동에 대한 전반적인 불만족 수준을 측정한다.

기존의 인지치료와 대인관계 치료로 구성된 치료와(치료요소 통제집단의 치료절차) 기존의 치료에 애착문제에 대한 탐색과 개입을 포함한 인지 − 대인관계 치료(인지 − 대인관계 치료집단의 치료절차)는 결혼 불만족에 대한 치료효과가 있을 것이다. 다시 말해서 두 치료집단은 치료적 개입 이후 결혼 불만족 수준이 감소할 것이다. 또한 치료요소 통제집단과 인지 − 대인관계 치료집단의 치료효과가 지속적이라면 사후점수에서 반영된 치료효과는 추후점수에서도 유지될 것이다.

위에서 언급한 일반적 치료효과에 대한 예언에 덧붙여, 인지 − 대인관계 접근의 가정에 따라 본 연구 2의 결과를 다음과 같이 예언할 수 있다. 결혼 만족도의 여러 하위 측정치에 따라 치료요소 통제집단과 인지 − 대인관계 치료집단의 치료효과의 패턴이 차별적으로 얻어질 것이다.

1. 방법

1) 연구대상

본 연구에 참여한 참가자는 개인 신경정신과에서 통원치료를 받고 있는 기혼여성 우울증 환자 21명이었다. 이들은 DSM − Ⅳ의 기분장애 진단준거에 근거해서 전문의의 진단을 받은 환자들로서 정신병적 양상을 동반하지 않는 주요우울장애(Major Depressive Disorder)

로 진단된 환자들이었으며, 성격장애나 알코올 의존 등 기타 다른 정신과적 장애로 이중 진단되지 않은 환자들이었다. 이들 21명의 환자들을 각각 7명씩 인지-대인관계 치료집단, 치료요소 통제집단 및 통제집단에 무선적으로 배치하였다. 이렇게 각 집단의 구성원을 7명으로 제한한 이유는 집단이 클 경우 한 치료회기에 구성원들이 모두 발표하고 충분히 토의하기 어렵고 상호작용도 제한될 것이라는 점을 고려한 것이다. 각 집단별 참가자 특징과 우울수준의 점수는 표 2-1과 같다. 표에 제시되어 있는 바와 같이 각 집단의 연령, 교육수준, 결혼기간 및 우울수준은 의미 있는 차이를 보이지 않았다 [F(2,18)< .04, n.s.].

표 2-1. 각 집단별 참가자의 인구통계학적 특징

	인지-대인관계 치료집단 평균	치료요소 통제집단 평균	통제집단 평균
연령	47.50(5.25)	46.11(5.85)	47.03(5.97)
교육수준	11.08(3.14)	11.59(3.27)	11.38(3.27)
결혼기간	14.03(9.11)	13.94(9.84)	13.95(9.08)
BDI(우울검사)	19.87(11.05)	18.75(11.21)	17.95(11.96)

( )안은 표준오차, 각 집단의 참가자 수 *n*=7

2) 치료효과 측정척도

결혼 만족도 검사의 하위검사 중 전반적 불만족, 성적 불만족 척도는 연구 1에서 사용한 것과 동일하며, 연구 2에서는 문제해결 의사소통 불만족과 정서적 친밀감 불만족 척도를 첨가하였다. 사전, 사후 및 추후검사에서 피험자의 연습효과를 최대한 배제하기 위해 사전검사에서는 문항을 결혼 만족도의 제 영역별로 구분하여 나열하였고(예; 1번에서 22번까지는 전반적 불만족, 23번부터 35번까지는 성적 불만족 등) 사후검사에서는 각 영역별 문항을 순서대로 하나씩 제시하는 방법을 활용하였다(예; 1번 문항은 전반적 불만족, 2번 문항은 성적 불만족 등). 또한 1개월 후 추후검사에서는 사전검사와 동일한 방식으로 측정하였다.

① 문제해결 의사소통 불만족 척도

부부간의 의견 차이를 해결하기 위한 의사소통상의 문제를 측정하는 19개 문항으로 구성되어 있다. 문항들은 주로 의사소통에서 나타나는 정서적 거리감보다는 겉으로 드러나는 불일치를 측정한다. 구체적으로, 문항내용은 사소한 문제해결의 반복적 실패, 특정한 문제해결 기술의 부족, 민감한 문제에 대해 의논을 어렵게 하는 배우자의 과민반응 등을 포함하고 있다. 점수의 범위는 0 – 19점이며, 점수가 높을수록 불만족 수준이 높음을 의미한다. 본 연구에서의 신뢰성 계수(Cronbach's α)는 .79이었다.

② 정서적 친밀감 불만족 척도

배우자에게 느끼는 애정이나 정서적인 친밀성의 결여 정도를 측정하는 13개 문항으로 구성되어 있다. 이 척도에는 감정표현이나 정서적 지지의 결여, 감정적인 이해와 상호 개방의 결여를 재는 문항들이 포함되어 있다. 점수의 범위는 0 – 13점이며, 점수가 높을수록 불만족 수준이 높음을 의미한다. 본 연구에서의 신뢰성 계수(Cronbach's α)는 .81이었다.

표 2-2. 각 집단의 주된 치료내용

회기	시간	인지-대인관계 치료집단	치료요소 통제집단	통제집단
1	60분	집단오리엔테이션 사전평가	집단오리엔테이션 사전평가	사전평가
2	60분	애착문제에 대한 전반적 설명 애착이 부정적 인지와 대인관계에 미치는 영향 이해하기	자신의 부부관계에서 경험하는 부정적 인지와 정서 이해하기	
3	60분	자신의 부부문제에서 초기 애착경험이 미치는 영향 이해하기	사고와 정서와의 관계, 역기능적 태도 이해하기	
4	60분	사고와 정서와의 관계, 역기능적 태도 이해하기 부정적 인지와 과거 관계경험을 연결짓기	부부관계에서 나타나는 인지적 오류 수정하기	
5	60분	부부관계에서 나타나는 역기능적 태도 수정하기 및 이를 과거 관계경험과 연결짓기	인지적 오류 및 역기능적 태도 수정하기	
6	60분	역기능적 부부 의사소통패턴의 이해 및 이를 과거 관계경험과 연결짓기	역기능적 부부 의사소통패턴의 이해	
7	60분	바람직한 부부 의사소통방식 훈련 Ⅰ	바람직한 부부 의사소통방식 훈련 Ⅰ	
8-9	60분	바람직한 부부 의사소통방식 훈련 Ⅱ	바람직한 부부 의사소통방식 훈련 Ⅱ	
10	60분	정리하기 사후평가	정리하기 사후평가	사후평가
		1개월 후 추후평가	1개월 후 추후평가	추후평가

3) 개입절차

치료에 참여한 참가자들을 무선적으로 인지-대인관계 치료집단, 치료요소 통제집단과 통제집단에 배치하였다. 프로그램은 1주에 2회씩 5주에 걸쳐 총 10회기로 구성하였고 집단별 각 회기의 주요내용은 표 2-2와 같다. 각 질문지를 사용한 사전평가는 1회기, 사후평가는 10회기에 집단으로 실시하였다. 추후평가는 5주간의 치료적 개입이 끝나고 1개월이 지난 후 시행하였다.

① 인지 – 대인관계 치료집단의 치료절차

각 회기는 60분씩 진행하였다. 치료자는 참여한 집단성원이 라포를 형성할 수 있도록 배려하였고 각 회기마다 치료자가 핵심적인 주요내용에 대해 설명하는 절차를 포함하였다. 참여한 집단성원들은 자신의 경험이나 생각 및 느낌에 대해 자유롭게 발표하고 토론하였고 역할연기를 통한 행동시연을 할 수 있도록 하였다. 또한 각 회기가 끝날 때 해당 회기의 내용을 정리하고 다음번 회기의 치료내용을 준비할 수 있도록 특정한 과제를 제시하였다. 인지 – 대인관계 치료집단에서 각 회기별 치료내용을 소개하면 다음과 같다.

1회기 집단에 대한 전반적인 진행절차 및 치료과정과 집단에서 지켜야 할 규칙을 설명하였다. 그리고 결혼 만족도 제요인(전반적 불만족, 성적 불만족, 문제해결 의사소통 불만족, 정서적 친밀감 불만족)을 평가하는 사전검사를 시행하였다. 라포를 형성하기 위해 각 집단성원들은 불리길 희망하는 별칭과 별칭의 의미, 좋아하는 것, 잘하는 것, 집단에 참여하게 된 느낌, 계기, 집단에 대한 기대 등을 포함한 자기소개를 하도록 하였다.

2회기 애착문제 전반에 대해 교육을 하고 애착이 부정적 인지와 대인관계에 미치는 영향을 설명하였다. 특히 과거의 애착경험이 부정적인 부부 상호작용에 어떤 식으로 영향을 미칠 수 있는지 사례를 제시하여 실제 관계에서의 작용을 이해하도록 하였다(부록 1). 그런 다음 자신의 과거 애착경험을 발표하도록 하고 최근 경험한 부부갈등 상황과 자신의 초기 애착경험을 관련지어 생각하도록 하였다. 이에 대한 집단원의 발표와 치료자 및 집단성원들의 피드백이 있었고, 마지막으로 남편과의 갈등 상황을 기록한 일지를 작성

하는 방법을 소개하고 과제물로 제시하였다.

3회기 지난 시간의 과제물을 검토하고 남편과의 갈등상황에서 애착문제를 연결하는 연습을 반복하였다. 정방자(1997)는 대인관계 문제를 해결함에 있어 과거 아동기 양육에서의 경험이 내재화되어 '지금 여기'의 현실적인 상황에서도 끊임없이 반복적으로 일어남을 주목하였다. 즉 현재의 문제시되는 대인관계 상황에서 상대방에 대한 감정과 자신의 과거 경험의 내면화된 감정을 명확하게 분리시켜 자동화된 무의식적 대처방식(애착이론에서 의미하는 내적 작동 모델의 지속화)을 현실적인 적절한 대처방식으로 바꾸는 절차가 중요하다. 이런 중요성을 고려하여 3회기에서는 현재 남편과의 관계에서 과거 양육자와의 경험에 얽매이지 않고 현실적으로 관계하는 것의 중요성을 설명하고 사례를 제시하여 이해를 도왔다. 또한 일지에 기록된 갈등상황을 토대로 치료자와 집단원 간의 역할놀이를 통해 행동시연이 이루어지게 하였다. 마지막으로 지난 시간의 일지에 자신의 애착문제가 미치는 영향을 분석하고 현실적인 대응 방안을 모색하는 난을 추가할 것을 설명하였다.

4회기 남편과의 관계에서 분노나 좌절감 등 부정적 정서를 경험할 때 적용할 수 있는 인지이론의 ABC를 설명하였다(부록 2). 즉 집단원들은 남편의 특정한 행동이나 태도로 인해 갈등이 생기고 부정적 정서를 경험하게 된다고 지각하지만 실제로는 이런 상황에서 본인의 부정적인 사고가 상당 부분 관여되어 있음을 설명하였다. 본 희기에서는 부정적 사고를 변경함으로써 감정과 대처행동의 변화를 유도하는 Greenberger와 Padesky(1995)의 구조화된 치료절차를 적용하였다. 즉 집단원에게 감정과 행동에 미치는 사고의 영

향을 설명하였으며 이들의 관계를 사례를 제시하여 설명하였다. 그리고 남편과의 갈등상황에서 주로 경험하게 되는 부정적 정서의 성격을 명확히 인식하도록 하였으며 가장 보편적인 인지적 오류와 역기능적 태도(관계 지향적 태도, 성취 지향적 태도)에 대해 설명하였다(부록 3). 또한 이런 역기능적 인지와 초기 애착의 문제를 연결하는 연습을 시행하였다(부록 4).

5회기 남편과의 다양한 갈등상황에서 나타나는 자동적 부정적 사고를 긍정적이고 합리적인 사고로 바꾸도록 하기 위해 Greenberger 등(1995)의 절차를 활용하였다. 구체적으로 어떤 대상에 대해 격한 감정을 경험할 때 마음속을 스쳐가는 생각에 주의를 기울이기, 상황/기분/자동적 사고를 구분하기, 자동적 사고를 지지하거나 반박하는 증거를 탐색하기, 새로운 관점을 찾도록 돕기, 새로운 사고에 의한 기분 평가하기 등의 기법을 활용하였다. 집단원들은 각자 자신이 연습한 내용을 발표하였으며 이에 대해 치료자와 집단원이 피드백을 제공하였으며, 남편과의 갈등상황에서 경험하는 부정적 자동적 사고를 긍정적인 사고로 바꾸는 연습을 할 수 있도록 일지를 과제물로 제시하였다(부록 5).

6회기 지난 시간의 과제물을 검토하고 긍정적 사고로 전환하였을 때의 변화된 경험에 대해 발표하고 집단원 간 공유를 하였다. 그런 다음 부부문제에 핵심적인 의사소통패턴에 대해 전반적인 설명을 하고 역기능적인 부부 의사소통패턴(상호 회피 및 아내요구 – 남편철회 의사소통패턴)을 소개하고 부부갈등과의 연관성을 사례를 제시하여 설명하였다(부록 6). 집단원들은 자신의 부부 대화과정에서 나타나는 역기능적 패턴을 찾고 발표하였으며 여기에 자신의 초기 애착의 문제가 개입되어 있는지를 발표하였다(부록 7). 마지막으로 과제물로서 남편과 주로 어떤 상황에서 역기능적 의사소통패턴이 나타나는지를 탐색하도록 하는 일지를 작성하도록 하였다.

7회기 지난 시간의 과제물을 검토한 후, 건설적이고 바람직한 대화방법 전반에 대해 설명하였다. 부부갈등을 해결하기 위해 일련의 사회적 기술훈련 및 의사소통 증진훈련을 강조한 Becker, Heimberg, Bellack(1987)의 구조화된 절차를 활용하였다. 구체적으로, 아내요구-남편철회 의사소통패턴과 상호 회피 의사소통패턴을 수정하기 위해 이들 의사소통이 나타나는 상황을 재현하여 우선 공감하기, 경청하기를 설명하고 역할놀이와 연습 기록지를 통해 충분히 시연하도록 하였다(부록 8). 또한 행동시연에 대해 치료자와 집단원이 피드백을 제공하였다.

8-9회기 Becker 등(1987)의 절차를 활용하여 역기능적 부부 의사소통패턴을 변경하고자 하였다. 특히 요구-철회적이고 회피적인 의사소통을 변경하기 위해 이들 의사소통이 나타나는 갈등상황을 초점으로 이전 회기의 경청과 공감하기 연습에 부가하여 부정적 주장하기(negative assertion), 긍정적 주장하기(positive assertion)를 설명하였다. 이를 위해 소극적, 공격적, 주장적 행동의 차이를 설명하고 연습을 통해 이들 행동을 구분하도록 하였다(부록 9). 또한 거절하는 방법, 화해하는 방법, 타협하는 방법과 인정하기, 칭찬하기, 감사하기, 동의하기, 사과하기 등의 방법들을 설명하였다(부록 10). 치료자가 남편의 역할을 하고 집단원들이 이들 방법을 역할놀이를 통해 시연할 수 있도록 하였으며, 이에 대해 치료자와 집단원이 피드백을 제공하였다.

10회기 지금까지 배운 애착의 중요성과 애착경험을 현재 갈등상황과 연관짓기, 부정적 인지 찾고 수정하기 및 바람직한 의사소통 방식을 재검토하고 정리하였으며, 집단을 통해 배운 점, 어려웠던 점, 의문점 등에 대해 토의하였다. 그런 다음 집단에서의 경험을 실제 부부생활에 어떻게 적용시켜 나갈 것인지 등을 논의한 후 사후평가(전반적 불만족, 성적 불만족, 문제해결 의사소통 불만족, 정서적 친밀감 불만족)를 실시하였다.

표 2-3. 측정시기에 따른 집단별 결혼 만족도의 평균과 표준오차

		사전	사후	사후 변화량	추후	추후 변화량
전반적 불만족	A1	11.57 (2.07)	11.14 (1.63)	.57	11.29 (1.85)	.29
	A2	11.42 (2.25)	9.42 (2.37)	2.00	9.00 (2.10)	2.43
	A3	11.86 (2.69)	8.00 (1.86)	3.71	8.29 (1.97)	3.43
정서적 친밀감 불만족	A1	6.86 (1.86)	6.00 (1.83)	.86	6.14 (1.25)	.71
	A2	6.57 (1.50)	5.71 (1.98)	1.00	5.86 (2.31)	.86
	A3	6.71 (1.89)	4.29 (1.38)	2.57	4.00 (2.08)	3.00
문제해결 의사소통 불만족	A1	9.57 (1.13)	8.71 (2.63)	.86	8.57 (2.05)	1.00
	A2	9.71 (2.22)	6.86 (1.46)	2.86	6.71 (2.11)	3.00
	A3	9.71 (2.14)	7.00 (2.58)	2.74	6.29 (1.79)	3.43
성적 불만족	A1	6.29 (1.70)	6.00 (1.63)	.29	6.29 (1.95)	.00
성적 불만족	A2	6.14 (1.86)	5.71 (.77)	.43	6.00 (1.04)	.14
	A3	6.57 (1.99)	5.57 (1.27)	1.00	5.86 (1.36)	.57

A1: 통제집단, A2: 치료요소 통제집단, A3: 인지-대인관계 치료집단

② 치료요소 통제집단의 개입절차

각 회기는 60분씩 진행하였다. 치료자는 참여한 집단성원이 라포를 형성할 수 있도록 배려하였고 각 회기마다 치료자가 핵심적인 주요내용에 대해 설명하는 절차를 포함하였다. 참여한 집단성원들은 자신의 경험이나 생각 및 느낌에 대해 자유롭게 발표하고 토론하였고 역할연기를 통한 행동시연을 할 수 있도록 하였다. 또한 각 회기가 끝날 때 해당 회기의 내용을 정리하고 다음번 회기의 치료내용을 준비할 수 있도록 특정한 과제를 제시하였다. 치료요소 통제집단의 치료내용은 다음과 같다.

1회기 집단에 대한 전반적인 진행절차 및 치료과정과 집단에서 지켜야 할 규칙을 설명하였다. 그리고 결혼 만족도 제요인(전반적 불만족, 성적 불만족, 문제해결 의사소통 불만족, 정서적 친밀감 불만족)을 평가하는 사전검사를 시행하였다. 라포를 형성하기 위해 각 집단성원들은 불리길 희망하는 별칭과 별칭의 의미, 좋아하는 것, 잘하는 것, 집단에 참여하게 된 느낌, 계기, 집단에 대한 기대 등을 포함한 자기소개를 하도록 하였다.

2회기 남편과의 관계에서 분노나 좌절감 등 부정적 정서를 경험할 때 부부문제에 있어서 인지이론의 ABC를 설명하였다. 즉 집단원들은 남편의 특정한 행동이나 태도로 인해 갈등이 생기고 부정적 정서를 경험하게 된다고 지각하고 있으나 이러한 상황에서 본인의 부정적인 사고가 상당 부분 관여하고 있음을 설명하였다. 부정적 정서를 구체화시키고 남편과의 갈등 상황을 기록한 일지를 작성하는 방법을 소개하고 과제물로 제시하였다.

3회기 부정적 사고를 변경함으로써 감정과 대처행동의 변화를 유

도하는 Greenberger와 Padesky(1995)의 구조화된 치료방법을 적용하였다. 즉 집단성원에게 우선 사고의 중요성을 설명하였으며 사고와 행동, 감정, 신체반응의 관계를 사례를 제시하여 설명하였다. 그리고 남편과의 갈등상황에서 주로 경험하게 되는 부정적 정서의 성격을 명확히 인식하도록 하였으며 가장 보편적인 인지적 오류와 역기능적 태도(관계지향적 태도, 성취지향적 태도)에 대해 설명하였다.

4-5회기 남편과의 다양한 갈등상황에서 나타나는 자동적 부정적 사고를 긍정적이고 합리적인 사고로 바꾸도록 하기 위해 Greenberger 등(1995)의 절차를 활용하여 어떤 대상에 대해 격한 감정을 경험할 때 마음속을 스쳐가는 생각에 주의를 기울이기, 상황/기분/자동적 사고를 구분하기, 자동적 사고를 지지하거나 반박하는 증거를 탐색하기, 새로운 관점을 찾도록 돕기, 새로운 사고에 의한 기분 평가하기 등의 기법을 활용하였다. 집단원들은 각자 자신이 연습한 내용을 발표하였으며 이에 대해 치료자와 집단원이 피드백을 제공하였으며, 남편과의 갈등상황에서 경험하는 부정적 자동적 사고를 긍정적인 사고로 바꾸는 연습을 할 수 있도록 일지를 과제물로 제시하였다.

6회기 지난 시간의 과제물을 검토하고 긍정적 사고로 전환하였을 때의 변화된 경험에 대해 발표하고 집단원 간에 경험을 공유하였다. 그런 다음 부부문제에 핵심적인 의사소통패턴에 대해 전반적인 설명을 하고 역기능적인 부부 의사소통패턴(상호 회피 및 아내요구-남편철회 의사소통패턴)을 소개하고 부부갈등과의 연관성을 사례를 제시하여 설명하였다. 집단성원들은 자신의 부부대화과정에서 나타나는 역기능적 패턴을 찾고 발표하였으며 마지막으로 과제

물로서 남편과의 대화과정에서 구체적으로 어떠한 상황에 주로 역기능적 의사소통패턴이 나타나는지, 그리고 자신의 주된 의사소통패턴이 무엇인지를 찾는 일지를 작성하도록 하였다.

7회기 지난 시간의 과제물을 검토한 후, 건설적이고 바람직한 대화 방법 전반에 대해 설명을 하였다. 부부갈등을 해결하기 위해 일련의 사회적 기술훈련 및 의사소통증진훈련을 강조한 Becker, Heimberg 및 Bellack(1987)의 구조화된 절차를 활용하여 요구-철회 의사소통과 상호 회피 의사소통을 수정하기 위해 이들 의사소통이 나타나는 상황을 재현하여 우선 공감하기, 경청하기를 구체적으로 설명하고 역할놀이와 연습기록지를 통해 충분히 시연하도록 하였다. 또한 행동시연에 대해 치료자와 집단원이 피드백을 제공하였다.

8-9회기 Becker 등(1987)의 절차를 활용하여 역기능적 부부 의사소통패턴을 변경하고자 하였다. 특히 요구-철회적이고 회피적인 의사소통을 변경하기 위해 이들 의사소통이 나타나는 갈등상황을 초점으로 이전 회기의 경청과 공감하기 연습에 부가하여 부정적 주장하기(negative assertion), 긍정적 주장하기(positive assertion)를 설명하였다. 이를 위해 소극적, 공격적, 주장적 행동의 차이를 설명하고 연습을 통해 이들 행동을 구분하도록 하였으며 거절하는 방법, 화해하는 방법, 타협하는 방법과 인정하기, 칭찬하기, 감사하기, 동의하기, 사과하기 등의 방법들을 설명하였다. 치료자가 남편의 역할을 하고 집단원들이 이들 방법을 역할놀이를 통해 시연할 수 있도록 하였으며, 이에 대해 치료자와 집단원이 피드백을 제공하였다.

10회기 지금까지 연습한 부정적 인지 찾고 수정하기 및 바람직한 의사소통방식을 재검토하고 정리하였으며, 집단을 통해 배운

점, 어려웠던 점, 의문점 등에 대해 토의하였다. 그런 다음 집단에서의 경험을 실제 부부생활에 어떻게 적용시켜 나갈 것인지 등을 논의한 후 사후평가를 실시하였다.

2. 결과 및 논의

치료회기에 참여하기 전과 후의 결혼 만족도 제반 특성의 변화를 알아보기 위해 측정된 집단별 전반적 불만족, 정서적 친밀감 불만족, 문제해결 의사소통 불만족 및 성적 불만족 척도의 평균과 표준오차는 표 2-3과 같다. 각 척도별로 개입유형에 따른 치료적 개입의 효과를 분석한 결과를 다음에 제시하기로 한다.

1) 전반적 불만족

각 치료집단에서 치료적 개입 전후의 전반적 불만족 변화양상을 도해화한 것이 그림 2-1이다. 그림에서 볼 수 있듯이, 통제집단의 경우 시기별 전반적 불만족의 변화가 거의 나타나지 않았다. 반면 치료요소 통제집단과 인지-대인관계 치료집단에서는 사전평가에 비해 사후 및 추후평가에서 불만족 수준이 현저히 감소하였음을 알 수 있다. 그림 상에서 나타난 이러한 측면이 통계적으로 유의미한지를 알아보기 위해 각 집단에서 사후 변화량과 추후변화량 값으로 변량분석하였다. 개입유형(통제, 치료요소 통제, 인지-대인관

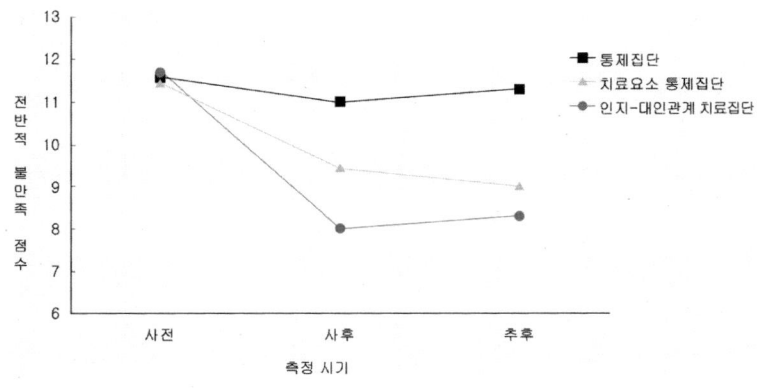

그림 2-1. 각 집단별 전반적 불만족

표 2-4. 개입유형과 시기에 따른 전반적 불만족 변화량의 변량분석

	자승화	자유도	평균자승화	F
개입유형(A)	69.57	2	34.79	7.96**
S/A	78.71	18	4.37	
시기(B)	.02	1	.02	.02
A×B	1.19	2	.59	.42
BS/A	25.29	18	1.40	
전체	174.79	41		

** $p < .01$

계 치료)과 시기(사후 변화량, 추후 변화량)에 따른 전반적 불만족 변화량을 변량분석한 결과는 표 2-4와 같다.

표 2-4와 같이 전반적 불만족은 개입유형의 주효과는 유의미하였다 [$F(2, 18)=7.96$, $p<.01$]. 그러나 시기의 주효과 [$F(1, 18)<1$, $n.s.$] 및 개입유형과 시기 간의 상호작용 효과 [$F(2, 18)<1$, $n.s.$] 는 유의미하지 않았다. 개입유형의 주효과는 치료적 개입의 효과가 있었음을 보여 준다. 그리고 시기의 주효과가 유의미하지 않았다는 점은 각 집단에서 전반적 불만족에 대한 사후 치료효과가 추후 치

표 2-5. 각 집단별 전반적 불만족 변화량에 대한 계획비교 1

개입유형	통제집단 -2	치료요소 통제집단 1	인지-대인관계 치료집단 1	
변량원	자승화	자유도	평균자승화	F
$A_{비교}$	56.68	1	56.68	12.96**
S/A	78.71	18	4.37	

** $p<.01$

료효과와 다르다고 할 수 없음을 보여 준다. 개입유형과 시기의 상호작용효과가 유의미하지 않다는 사실은 치료효과의 유지가 개입유형에 따라 다르다고 할 수 없음을 보여 주는 것이다.

각 집단에서 치료적 개입 전후의 전반적 불만족의 치료효과를 세부적으로 검토하기 위해 계획비교 1(통제 대 치료요소 통제＋인지-대인관계 치료집단)을 시행하였다(표 2-5). 분석 결과 두 치료집단의 개입효과와 통제집단의 개입효과의 차이가 유의미하였다 [$F(1, 18)=12.96$, $p<.01$]. 이 결과는 치료요소 통제집단과 인지-대인관계 치료집단의 개입효과가 얻어질 것이라는 본 연구의 예언을 지지한다.

치료요소 통제집단과 인지-대인관계 치료집단의 치료효과에 차이가 있는지를 검토하기 위해 계획비교 2[11](치료요소 통제 대 인지-대인관계 치료집단)를 시행한 결과를 표 2-6에 제시하였다. 분석 결과 비록 통계적으로 유의한 수준은 아니었지만 통합치료가 기존의 인지치료나 대인관계 치료에 비해 정서적 친밀감 향상에

---

11) 비교 1과 비교 2는 통계적으로 직교적(orthogonal)이므로, 계획비교 1과 2는 표 2-4의 개입유형 효과를 독립적으로 분리한 것이며, 두 효과는 가산적이다.

표 2-6. 각 집단별 전반적 불만족 변화량에 대한 계획비교 2

개입유형	통제집단 0	치료요소 통제집단 1	인지 - 대인관계 치료집단 - 1	
변량원	자승화	자유도	평균자승화	F
A비교	12.89	1	12.89	2.95
S/A	78.71	18	4.37	

더 효과적인 경향성을 보였다[$F(1, 18)=2.95, .05<p<.10$]. 이처럼 통합치료가 기존의 치료에 비해 더 효과적일 가능성이 있으나 통계적 유의성이 검증되지 않은 이유는 다음과 같이 설명될 수 있다. 첫째, 전반적 불만족 측정치는 그 구성에 있어 다양한 세부적 불만족 측면을 드러내므로 이들 중 몇 가지는 두 집단 간의 치료절차의 차이에 민감하지 않을 수 있다. 이 때문에 효과가 상쇄되어 통계적 차이가 미미한 수준으로 나타났을 가능성이 있다. 둘째, 본 연구에 참여한 환자의 수가 상대적으로 적어서 두 집단 간의 치료효과의 차이가 미미하게 나타났을 가능성이 있다.

2) 정서적 친밀감 불만족

정서적 친밀감 불만족에서 각 집단의 치료적 개입 전후의 변화 양상을 도해화한 것이 그림 2-2이다. 그림에서 볼 수 있듯이, 통제집단과 치료요소 통제집단에서는 측정시기에 따른 변화가 거의 없으나 인지-대인관계 치료집단에서는 사전평가에 비해 사후 및 추후평가에서 불만족 수준이 현저히 감소하였음이 관찰된다. 그래

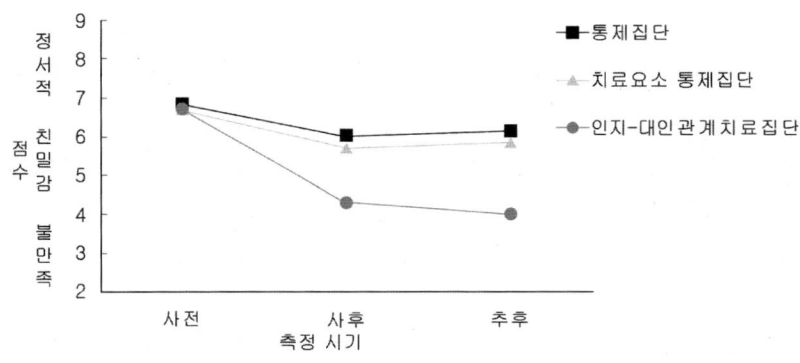

그림2-2. 각 집단별 정서적 친밀감 불만족

표 2-7. 개입유형과 시기에 따른 정서적 친밀감 불만족 변화량의 변량분석

	자승화	자유도	평균자승화	F
개입유형(A)	34.86	2	17.43	3.87*
S/A	81.14	18	4.51	
시기(B)	.02	1	.02	.03
A×B	.76	2	.38	.44
BS/A	15.71	18	.87	
전체	132.5	41		

*$p<.05$

프에서 나타난 패턴이 통계적으로 유의미한지를 검토하기 위해 개입유형과 시기에 따른 정서적 친밀감 불만족 변화량을 변량분석한 결과는 표 2-7과 같다.

분석 결과 개입유형의 주효과[$F(2, 18)=3.87$, $p<.05$]는 유의미하였으나 시기의 주효과[$F(1, 18)<1$, $n.s.$]와 개입유형과 시기의 상호작용 효과[$F(2, 18)<1$, $n.s.$]는 유의미하지 않았다. 개입유형의 주효과는 치료적 개입 전후의 정서적 친밀감 불만족의 변화가 통제집단, 치료요소 통제집단 및 인지-대인관계 치료집단에서 차이가 있음

을 보여 준다. 그리고 시기의 주효과가 유의미하지 않았다는 점은 각 집단에서 정서적 친밀감 불만족에 대한 치료효과가 사후 및 추후에 걸쳐 유지되었음을 보여 준다. 그리고 개입유형과 시기의 상호작용효과가 유의미하지 않다는 점은 치료효과의 유지가 개입유형에 따라 다르다고 할 수 없음을 보여 주는 것이다.

각 집단에서 치료적 개입 전후의 정서적 친밀감 불만족의 치료효과를 세부적으로 검토하기 위해 계획비교 1(통제 대 치료요소 통제+인지-대인관계 치료집단)을 시행하였다(표 2-8). 분석결과, 치료요소 통제집단과 인지-대인관계 치료집단의 개입효과와 통제집단의 개입효과가 유의한 차이가 없었다[$F(1, 18)=2.38$, $n.s.$]. 이 결과는 앞선 그림 2-2에서 볼 수 있듯이 통제집단과 치료요소 통제집단의 개입효과가 다르다고 할 수 없음을 의미하는 것으로 해석할 수 있다.

다음으로, 치료요소 통제집단과 인지-대인관계 치료집단의 치료효과에 차이가 있는지를 검토하기 위해 계획비교 2(치료요소 통제 대 인지-대인관계 치료집단)를 시행한 결과를 표 2-9에 제시하였다. 분석 결과 두 집단에서 치료효과의 차이가 유의미하였다[$F(1, 18)=5.36$, $p <.05$]. 이 결과는 정서적 친밀감의 불만족을 감

표 2-8. 각 집단별 정서적 친밀감 불만족 변화량에 대한 계획비교 1

개입유형	통제집단	치료요소 통제집단	인지-대인관계 치료집단	
	-2	1	1	
변량원	자승화	자유도	평균자승화	F
A$_{비교}$	10.71	1	10.71	2.38
S/A	81.14	18	4.51	

표 2-9. 각 집단별 정서적 친밀감 불만족 변화량에 대한 계획비교 2

표 2-9. 각 집단별 정서적 친밀감 불만족 변화량에 대한 계획비교 2

개입유형	통제집단 0	치료요소 통제집단 1	인지-대인관계 치료집단 -1	
변량원	자승화	자유도	평균자승화	F
A$_{비교}$	24.14	1	24.14	5.36*
S/A	81.14	18	4.51	

*p<.05

소시키는 데 있어 인지-대인관계 치료집단이 치료요소 통제집단에 비해 효과적임을 보여 준다.

정서적 친밀감 불만족의 경우, 인지-대인관계 치료집단만이 개입효과가 유의하였다는 결과는 부부간의 정서적 공감, 친밀감 및 정서적 유대를 증대시키는 데 있어서 역기능적 사고와 부정적 상호작용패턴에 대한 행동 수정만을 포함하는 기존의 인지치료와 대인관계치료만으로는 효과적이지 못함을 시사한다. 반면에 이와 같은 정서적 유대와 친밀감을 향상시키는 데에는 인지-대인관계 치료가 더 효과적일 가능성을 시사한다.

3) 문제해결 의사소통 불만족

각 집단에서 치료적 개입 전후의 문제해결 의사소통 불만족의 변화양상을 도해화한 것이 그림 2-3이다. 그림에서처럼, 통제집단에서는 측정시기에 따른 변화가 거의 없으나 치료요소 통제집단과 인지-대인관계 치료집단에서는 사전평가에 비해 사후 및 추후평가에서 불만족 수준이 감소하였음을 알 수 있다. 그래프에서 나타난 패턴을 통계적으로 검증하기 위해 개입유형과 시기에 따른 문제해결 의사소통 불만족의 변화량을 변량분석하였다(표 2 - 10).

표 2 - 10. 개입유형과 시기에 따른 문제해결 의사소통 불만족 변화량의 변량분석

	자승화	자유도	평균자승화	F
개입유형(A)	40.19	2	20.10	6.31**
S/A	57.29	18	3.19	
시기(B)	1.17	1	1.17	.97
A×B	.76	2	.38	.32
BS/A	21.57	18	1.20	
전체	120.98	41		

**p<.01

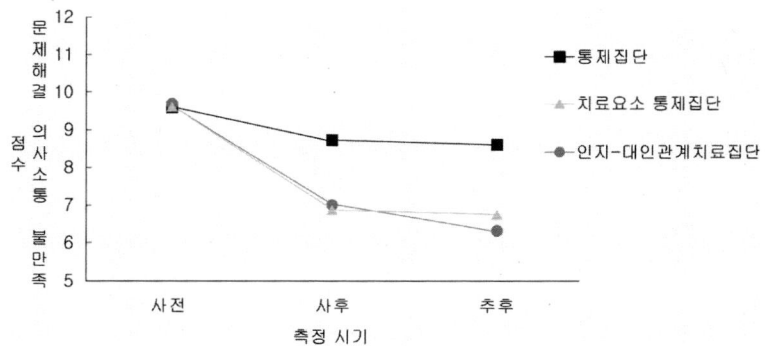

그림 2 - 3. 각 집단별 문제해결 의사소통 불만족

분석 결과 개입유형의 주효과[$F(2, 18)=6.31$, $p<.01$]가 유의미하였다. 이 결과는 치료적 개입 전후의 문제해결 의사소통 불만족의 변화가 통제집단, 치료요소 통제집단 및 인지 - 대인관계 치료집단에서 차이가 있음을 보여 준다. 반면에 시기의 주효과[$F(1, 18)<1$, *n.s.*]가 유의미하지 않았다는 점은 각 집단에서 문제해결 의사소통

불만족에 대한 치료효과가 사후 및 추후에 걸쳐 유지되었음을 보여 준다. 그리고 개입유형과 시기의 상호작용효과[$F(2, 18) < 1$, $n.s.$]가 유의미하지 않다는 점은 치료효과의 유지가 개입유형에 따라 다르다고 할 수 없음을 보여 주는 것이다.

각 집단에서 치료적 개입 전후의 문제해결 의사소통 불만족의 변화양상을 세부적으로 검토하기 위해 계획비교 1(통제 대 치료요소 통제+인지-대인관계 치료집단)을 시행하였다(표 2-11). 분석 결과 두 치료집단의 개입효과와 통제집단의 개입효과의 차이가 유의미하였다[$F(1, 18) = 12.58$, $p < .01$]. 이 결과는 치료요소 통제집단과 인지-대인관계 치료집단에서 치료적 개입의 효과가 얻어질 것이라는 본 연구의 예언을 지지한다.

표 2-11. 각 집단별 문제해결 의사소통 불만족 변화량에 대한 계획비교 1

개입유형	통제집단	치료요소 통제집단	인지-대인관계 치료집단	
	-2	1	1	
변량원	자승화	자유도	평균자승화	F
A$_{비교}$	40.05	1	40.05	12.58**
S/A	57.29	18	3.18	

**$p < .01$

표 2-12. 각 집단별 문제해결 의사소통 불만족 변화량에 대한 계획비교 2

개입유형	통제집단	치료요소 통제집단	인지-대인관계 치료집단	
	0	1	-1	
변량원	자승화	자유도	평균자승화	F
A$_{비교}$	.14	1	.14	.04
S/A	57.29	18	3.18	

치료요소 통제집단과 인지 - 대인관계 치료집단의 치료효과에 차이가 있는지를 검토하기 위해 계획비교 2(치료요소 통제 대 인지 - 대인관계 치료집단)를 시행한 결과를 표 2 - 12에 제시하였다. 분석결과 두 집단에서 치료효과의 차이가 유의미하지 않았다[$F(1, 18)=.04$, $n.s.$]. 이 결과는 문제해결 의사소통 불만족에 있어 치료요소 통제집단과 인지 - 대인관계 치료집단의 치료효과의 크기에 차이가 없음을 지적하는 것이다. 즉 문제해결 의사소통에 있어서는 겉으로 드러난 의견 불일치에 대한 행동수정에 초점을 두는 기존의 인지치료와 대인관계 치료와 이들 치료절차에 애착문제에 대한 개입을 포함한 인지 - 대인관계 치료의 효과는 그리 다르다고 할 수 없음을 알 수 있다. 따라서 겉으로 드러난 의견 불일치 및 의사소통상의 불만족에 대한 치료효과에 있어서는 기존의 치료(인지치료, 대인관계 치료)와 인지 - 대인관계 치료(기존의 치료요소에 애착문제에 대한 개입을 포함)가 그리 다르다고 할 수 없음을 알 수 있다.

4) 성적 불만족

성적 불만족에서 각 집단의 치료적 개입 전후의 변화양상을 도해화한 것이 그림 2 - 4이다. 그림에서처럼 세 집단에서 공통적으로 치료적 개입 전후의 성적 불만족 수준의 변화가 거의 없었다. 그래프에서 얻어진 패턴을 통계적으로 검증하기 위해 개입유형과 시기에 따른 성적 불만족의 변화량을 변량분석한 결과는 표 2 - 13과 같다. 분석 결과 개입유형의 주효과, 개입유형과 시기의 상호작

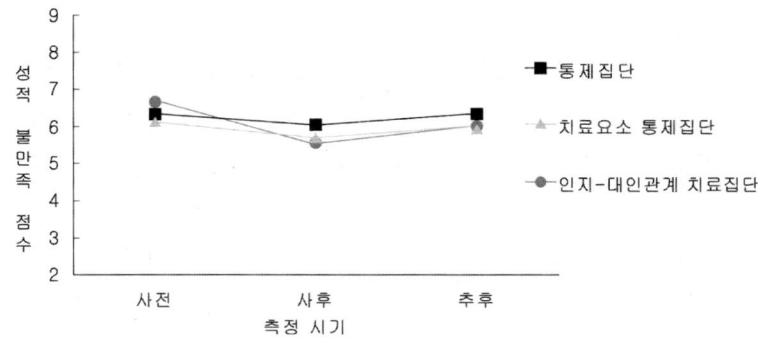

그림 2-4. 각 집단별 성적 불만족

표 2-13. 개입유형과 시기에 따른 성적 불만족 변화량의 변량분석

	자승화	자유도	평균자승화	F
개입유형(A)	3.19	2	1.60	.29
S/A	99.43	18	5.52	
시기(B)	1.17	1	1.17	1.71
AxB	.05	2	.02	.03
BS/A	12.29	18	.68	
전체	116.12	41		

용효과[$F(2, 18)<1$, $n.s.$] 및 시기의 주효과[$F(1, 18)<1$, $n.s.$]가 모두 유의미하지 않았다.

　각 집단에서 치료적 개입 전후의 성적 불만족의 변화양상을 세부적으로 검토하기 위해 계획비교 1(통제 대 치료요소 통제+인지－대인관계 치료집단)을 시행하였다(표 2－14). 분석결과, 두 치료집단의 개입효과와 통제집단의 개입효과의 차이가 유의미하지 않았다[$F(1, 18)<1$, $n.s.$].

표 2-14. 각 집단별 문제해결 성적 불만족 변화량에 대한 계획비교 1

개입유형	통제집단 −2	치료요소 통제집단 1	인지−대인관계 치료집단 1	
변량원	자승화	자유도	평균자승화	F
A비교	1.44	1	1.44	.26
S/A	99.43	18	5.52	

기존의 인지치료 및 대인관계 치료뿐 아니라 애착문제에 초점을 둔 인지−대인관계 치료방식이 성적 불만족의 감소에 영향을 미칠 수도 있으나 본 연구에서 이런 패턴이 얻어진 이유는 다음과 같이 설명할 수 있다. 첫째, 본 연구의 특성상 치료효과를 비교적 단기적으로 추적하였기 때문에 비록 치료효과가 있었다 할지라도 성적 불만족을 해소하는 데까지는 이르지 못했을 가능성이 있다. 둘째, 본 연구에 참여한 환자들의 우울 증상은 성적 불만족과 별로 관계가 없을 가능성이 있다.

V

종합논의 및 결론

진정한 마음으로 이루어지는 결혼에
다른 거추장스러운 것이 범접치
못하게 하소서

— Shakespeare

V

종합논의 및 결론

본서에서는 인지-대인관계 접근을 통해 기혼여성의 결혼 불만족 및 우울과 관련된 여러 변인들 간의 구조와 관계를 검토하고자 하였다. 이를 위해 부부문제에 대한 이론적 틀의 하나인 인지-대인관계 접근의 타당성을 중다 회귀분석 및 구조방정식을 사용하여 검토하고, 이 접근을 적용한 치료적 개입효과를 경험적으로 검증해 보았다. 인지-대인관계 접근에서는 부부문제와 우울을 야기하는 역기능적 인지와 부정적 대인관계 패턴의 근원이 유아기 양육자와 형성한 불안정 애착경험에 있다고 주장한다. 나아가 이 접근은 초기 불안정 애착경험이 내적 작동 모델을 통해 지속적으로 부정적 인지표상과 역기능적 대인관계 행동을 표출하게 함으로써 우울증상이 나타나며 그 결과 결혼 불만족에 이르게 된다고 주장한다.

본서의 연구 1-A에서는 인지-대인관계 접근의 가정을 검토하기 위해 기혼여성을 대상으로 애착수준, 역기능적 태도와 부부 의사소통패턴, 우울 및 결혼 만족도와의 상관관계를 검토해 보았다.

또한 여러 인지-대인관계 변인이 결혼 만족도를 각각 어느 정도 설명할 수 있는지를 위계적 중다 회귀분석을 사용하여 살펴보았다. 특히 애착변인이 다른 인지-대인관계 변인에 비해 결혼 만족도를 더 잘 설명해 줄 수 있는지를 검토하였다.

연구 1-A의 주요 결과는 다음과 같다. 첫째, 애착수준은 결혼 만족도 및 우울과 가장 높은 상관을 보였다. 세부적으로, 전반적 결혼 불만족과 가장 높은 정적 상관을 보인 변인은 애착수준의 하위요인 중 친밀이었으며, 우울과 가장 높은 정적 상관을 보인 변인은 애착수준의 하위요인 중 불안이었다. 이 결과는 애착이 역기능적 태도와 부부 의사소통패턴에 비해 결혼 만족도와 우울을 설명하는 보다 핵심적 변인임을 강조한 인지-대인관계 접근(Gotlib & Hammen, 1995)과 부합하는 것이다.

둘째, 단계적 중다 회귀분석 결과, 애착과 역기능적 태도 변인은 부부관계에서 문제를 일으키는 주된 부부 의사소통패턴으로 알려진 상호 회피 의사소통과 아내요구-남편철회 의사소통패턴을 설명해 주었다. 구체적으로 애착의 하위요인 중 친밀, 불안과 역기능적 태도의 하위요인 중 성취 지향적 태도가 상호 회피 의사소통패턴을 설명해 주었다. 그리고 애착의 하위요인 중 의존가능성, 불안과 역기능적 태도의 하위요인 중 관계 지향적 태도가 아내요구-남편철회 의사소통패턴을 설명해 주었다.

이런 결과는 아내가 남편에게 경험하는 친밀감 부족과 불안 및 성취 지향적 태도가 남편과 중요한 갈등영역에서의 대화를 피하거나 어렵게 만드는 요인일 가능성을 보여 준다. 부가하여, 남편에게 의존하지 못하리라는 불안과 반드시 승인받고 인정받아야만 한다는 역기능적 태도가 대화과정에서 끊임없이 남편에게 지지적인 피드백을 원하는 아내요구-남편철회 의사소통패턴을 야기할 가능성이 있음을 시사해 준다. 이는 기혼여성 우울증 환자를 대상으로 결혼 만족도와 부부 의사소통패턴과의 관계를 검토한 장문선과 김영환(2003)의 결과와 부합한다. 이런 측면을 고려해 볼 때, 기혼여성이 나타내는 상호 회피 의사소통을 변경하기 위해서는 단순히 의사소통 기술을 수정하기보다는 남편과의 친밀감을 증대시키는 한편 자신 및 타인에게 완벽성을 추구하는 비합리적인 태도와 불안을 다루어 주고, 아내요구-남편철회 의사소통을 수정하기 위해서는 남편에게 의존하고 인정받으려는 과도한 욕구와 기대를 함께 다루어 주는 것이 보다 효과적일 것이다.

셋째, 위계적 중다 회귀분석 결과, 애착수준이 역기능적 태도와 부부 의사소통패턴에 비해 우울과 결혼 만족도를 더 잘 설명해 주는 것으로 나타났다. 구체적으로 애착은 기혼여성의 우울을 18% 설명한 반면에 역기능적 태도는 6%, 부부 의사소통패턴은 11%를 설명해 주었다. 또한 애착수준이 전반적 불만족을 25% 설명해 주었고, 역기능적 태도는 4%, 부부 의사소통패턴은 16%, 우울은 13%를 설명해 주었다. 이 결과는 기혼여성의 부부문제에 대한 치료적 개입을 할 때 우울 및 결혼 만족도에 대한 이들 인지-대인관계 변인의 상대적 설명력을 감안하여 애착문제에 대한 개입에 보다 비중을 둘 필요가 있음을 시사해 준다.

본서의 연구 1-B에서는 인지-대인관계 접근에 근거해 결혼 불만족 및 우울과 관련된 여러 변인들 간의 구조적·인과적 관계를 검토해 보았다. 이를 위해 애착수준, 역기능적 태도, 부부 의사소통패턴, 우울 및 결혼 불만족 간의 관계를 구조방정식을 이용해 모형으로 구축하고, 그 적합성을 검증하기 위해 최대우도 추정법을 사용하였다. 부가하여, 결혼 불만족과 우울의 관계를 설명하는 기존의 인지적 접근과 대인관계 접근에 근거한 구조방정식 모형을 구축하고 그 적합성 정도를 통합적 접근의 모형과 비교해 보았다.

연구 1 – B의 주요 결과를 요약하면 다음과 같다. 첫째, 결혼 불만족과 우울과의 관계에서 역기능적 태도를 강조하는 인지적 접근의 구조모형은 적합한 것으로 검증되었다. 역기능적 태도는 우울을 경유하거나 또는 직접적으로 결혼 불만족을 야기하였다. 역기능적 태도는 우울을 11% 설명하였고 역기능적 태도와 우울의 직·간접적 영향이 결혼 불만족의 28%를 설명해 주었다.

둘째, 결혼 불만족을 일으키는 우울의 기제로서 부부 의사소통패턴을 강조하는 대인관계 접근의 구조모형 또한 적합한 것으로 검증되었다. 부부 의사소통패턴은 우울을 경유하여 간접적으로 또는 직접적으로 결혼 불만족을 야기하였다. 부부 의사소통패턴은 우울을 20% 설명하였고 부부 의사소통패턴과 우울의 직·간접적 영향이 결혼 불만족의 35%를 설명해 주었다. 따라서 우울 및 결혼 불만족에 대한 설명변량의 측면에서 두 접근의 효용성을 비교하자면, 대인관계 모형이 인지적 모형에 비해 결혼 불만족과 관련된 우울의 기제를 설명해 주는 보다 좋은 모형이라 할 수 있다.

셋째, 인지적 모형과 대인관계 모형을 애착을 근간으로 통합시킨 인지 – 대인관계 모형 또한 적합한 것으로 검증되었다. 애착수준은 역기능적 태도의 12%를 설명하였고 애착수준과 역기능적 태도는 부부 의사소통패턴을 25% 설명하였다. 애착수준은 역기능적 태도와 부부 의사소통패턴의 매개작용을 거친 간접적 방식뿐 아니라 직접적 방식을 통해 우울의 38%를 설명하였다. 이처럼 애착수준, 역기능적 태도, 부부 의사소통패턴 및 우울의 직·간접적 영향이 결혼 불만족의 53%를 설명해 주었다. 이런 결과는 부부문제와 우울을 야기하는 역기능적 인지와 부정적 부부 의사소통패턴의 근원이 애착경험에 있다고 보는 인지 – 대인관계 접근을 지지하는 것이다. 더욱이 기존의 인지적 모형 및 대인관계 모형에 비해 통합적 접근 모형의 결혼 불만족에 대한 설명변량이 더 높았으며, 적합도 지수 또한 개선되었다.

인지 – 대인관계 접근의 구조모형과 기존의 이론모형의 적합성 정도와 설명변량에 관한 본 연구 결과는 통합적 접근이 인지적 접근과 대인관계 접근에 비해 결혼 불만족과 관련된 우울의 기제를 설명해 주는 더 효율적인 이론적 틀이 될 수 있음을 시사하는 것이다. 따라서 이런 점을 감안해 볼 때, 부부문제와 우울을 다루기 위해 치료적 개입을 할 때에는 기존의 인지치료나 대인관계 치료에서처럼 역기능적 인지 및 대인관계 기술을 수정하는 인지 행동적 기법에만 초점을 두지 말고 이런 역기능의 근원에 애착문제가 있음을 주목하고 이를 치료과정에서 다루어 줄 필요가 있다.

본서의 연구 2에서는 실제 치료적 장면에서도 인지 – 대인관계 접근이 타당한지를 살펴보기 위해 기혼여성 우울증 집단을 대상으로 치료적 개입의 효과를 검토해 보았다. 이를 위해 신경정신과에서 외래치료 중인 기혼여성 우울증 환자들을 치료적 개입 없이 사전, 사후, 추후 평가만을 시행한 집단(통제집단), 기존의 인지치료 및 대인관계 치료요소만을 포함한 집단(치료요소 통제 집단) 및 치료요소 통제집단의 치료절차에 애착문제에 대한 개입을 포함한 집단(인지 - 대인관계 치료집단)에 무선 배치하고, 치료적 개입 전후에 각 집단별 결혼 만족도의 변화양상을 비교해 보았다.

연구 2의 결과 첫째, 전반적 불만족에 있어서 치료요소 통제집단과 인지 - 대인관계 치료집단은 치료적 개입 후에 불만족 수준이 유의미하게 감소하였다. 또한 인지 - 대인관계 치료집단의 치료효과가 치료요소 통제집단에 비해 보다 큰 경향성을 보였다. 치료요소 통제집단과 인지 - 대인관계 치료집단의 치료효과가 통계적으로 미미한 차이를 보인 원인으로 다음 몇 가지 가능성을 고려해 볼 수 있다. 즉 전반적 불만족 측정치는 다양한 세부적 불만족 측면으로 구성되며 이들 중 몇 가지는 두 집단 간의 치료절차의 차이에 민감하지 않을 수 있고 이 때문에 효과가 상쇄되어 통계적 차이가 관찰되지 않았을 수 있다. 또한 본 연구에 참여한 환자의 수가 상대적으로 적어서 두 집단 간의 치료효과의 차이가 확연하게 드러나지 않았을 가능성이 있다. 이 점을 확인하기 위해서는 추후 연구가 필요할 것이다.

둘째, 정서적 친밀감 불만족의 경우 치료적 개입 전후의 치료효과는 인지 - 대인관계 치료집단에서만 유의하게 관찰되었다. 즉 인지 - 대인관계 치료집단에서는 치료적 개입 후에 정서적 친밀감 불만족이 유의하게 감소하였으나 통제집단과 치료요소 통제집단에서는 변화가 없었다. 이는 배우자에게 느껴지는 애정과 정서적 친밀감에 대한 불만족을 변화시키는 데에는 기존의 인지치료나 대인관계 치료만으로는 효율적이지 못할 가능성을 시사해 준다. 즉 배우자에게 이해받지 못한다는 느낌을 감소시키고 애정과 친밀감을 보다 더 경험하도록 하기 위해서는 초기 양육자와의 관계패턴이 현재 남편과의 관계에 어떤 식으로 재현되고 있는지를 이해하도록 하고, 과거 경험에서 벗어나 새롭고 건설적인 관계를 형성하도록 하는 치료적 개입의 노력이 필요함을 시사해 준다.

정서적 친밀감의 향상에 있어 인지-대인관계 치료만이 효과적이었다는 본 연구 결과는 다음과 같은 측면에서 좀 더 의미 있게 탐색해 볼 필요가 있다. 김은정과 권정혜(1998)의 연구에서는 애착의 불안수준과 의존 측면이 기혼여성의 우울을 예측하는 것으로 나타났으며, 권정혜(2002)의 연구 결과 불안정 애착집단이 안정 애착집단에 비해 지각된 배우자의 정서적 지지를 현저하게 낮게 지각하였고 이러한 측면이 이들 집단의 결혼 만족도를 저해시키는 중요변인으로 나타났다. 이 밖에 본서의 연구 1-A에서는 애착수준이 기혼여성의 우울과 결혼 만족도를 가장 잘 설명해 주는 것으로 나타났다. 이처럼 애착이 우울 및 결혼 만족도에 미치는 영향을 고려해 볼 때, 인지-대인관계 치료만이 정서적 친밀감의 향상에 효과적이었다는 본 연구의 결과는 통합적 치료가 우울한 여성의 부부문제를 다루는 데 특히 효과적일 가능성을 시사해 준다. 애착의 문제가 우울한 사람의 결혼 불만족에 핵심적인 변인으로 부각되는 이유는 정신분석적 대상관계 이론(psychoanalytic object relations theory)에 근거해 고찰해 볼 수 있다.

정신분석적 대상관계 이론에서는 인간은 대상을 찾고 관계를 맺으려는 본능(drive for relatedness)을 가지고 있으며 이것이 가장 근원적 욕구라 가정한다. 유아가 양육자와의 관계에서 부정적이고 불안정한 애착경험을 하게 되면 대상을 찾고 관계를 맺으려는 근본적 욕구가 좌절되며, 이런 초기 경험은 다양한 심적 표상의 형태로 내면화됨으로써 우울증상이 출현하게 된다.

　우울한 사람들은 초기 애착경험에서 좌절된 의존욕구와 애정욕구를 충족시키기 위해 이후 전 생애에 걸쳐 의존대상에게 지나치게 집착하고 매달리는 경향이 있다(Hamilton, 1994). 주 의존대상은 아동기에는 어머니이지만 성인기 주 애착대상은 배우자라 할 수 있다(Saul, 1979). 우울한 사람들은 애착대상을 상실하거나 상실할지 모르는 상황에 처하게 되면 무력감을 느끼게 되고 이 무력감 때문에 더욱더 그 대상에게 의존하게 된다(Dewald, 1969). 이들의 내면에는 항상 자신에 관해서는 '버림받는 나'라는 자기표상이, 타인에 관해서는 '나를 버리는 모습'으로서의 대상표상이 자리하고 있다. 이들은 거절당할까 두려워 상대방의 호감을 얻기 위한 지나친 노력을 기울이나 이러한 행위는 진정한 따뜻함과 우정에서 비롯된 것이 아니라 자기희생적이고 필사적인 의존적 노력에서 비롯되는 것이다(정방자, 1998). 이동식(1983)은 우울증 환자의 대상관계 유형의 특징은 그 대상이 사람이든 사물이든 또는 기타 어떤 것이든 간에 그것에 매달리는 정도가 병적으로 심한 것이라 하였다. 이런 측면을 고려해 볼 때, 우울한 사람의 부부문제에 대한 치료적 개입을 할 때에는 이들의 과거 욕구좌절과 관련된 관계경험이 현재 남편과의 관계에서 집착과 의존욕구 및 끊임없는 애정에의 확인 등으로 나타나는지를 탐색하도록 하고 보다 현실적인 관계를 맺을 수 있도록 도와줄 필요가 있다.

　셋째, 문제해결 의사소통 불만족의 경우 통제집단에서는 치료효과가 유의미하지 않았으나 치료요소 통제집단과 인지 – 대인관계 치료집단에서 치료적 개입 후에 불만족 수준이 유의미하게 감소하였다. 그러나 치료요소 통제집단과 인지－대인관계 치료집단 간의 치료효과 차이는 통계적으로 유의미하지 않았다. 이 결과는 부부간의 의견 차이를 해결하는 데 존재하는 정서적 문제나 내적 거리감보다는 겉으로 드러난 명백한 불일치를 조율하는 문제에 관해서는 기존의 인지 치료, 대인관계 치료 및 통합적 치료의 효과가 거의 비슷함을 시사한다.

넷째, 성적 불만족에 있어서는 세 집단 모두 치료효과가 유의미하지 않았다. 즉 치료적 개입 전후에 성적 불만족 수준은 유의미한 감소가 관찰되지 않았다. 본 연구에서 이런 패턴이 얻어진 이유는 다음과 같이 설명할 수 있다. 먼저 본 연구의 특성상 치료효과를 비교적 단기적으로 추적하였기 때문에 비록 치료효과가 있었다 할지라도 성적 불만족을 해소하는 데까지는 이르지 못했을 가능성이 있다. 즉 성적만족도는 결혼생활에서 경험하는 다양한 갈등들이 치유되고 난 이후 치료적 효과가 매우 느리게 나타날 가능성이 있다. 또한 본 연구에 참여한 환자들의 우울증상은 성적 불만족이 아닌 다른 측면들에 기인하였을 가능성이 있다. 이 경우 성적 불만족 수준은 치료효과로 반영되지 않을 수 있다. 마지막으로, 성적 불만족의 경우 단순히 심리적 측면만을 다루기보다는 배우자의 태도나 성 기능, 그리고 우울한 여성의 전반적인 정신신체 에너지 수준에 대한 적절한 개입이 함께 이루어져야 할 필요성을 시사하는 것으로 해석할 수 있다.

본서에서 시행된 연구의 제한점과 추후 연구방향을 몇 가지 제시하기로 하겠다. 첫째, 연구 1에서는 설문지를 통해 기혼여성의 애착, 역기능적 태도, 부부 의사소통패턴, 우울 및 결혼 만족도와의 관계를 살펴보았으므로 실제 기혼여성의 행동 및 태도를 정확하게 반영하지 못하였을 가능성이 있다. 특히 자기보고 설문지를 통해 애착수준을 평가하였는데, 이런 경우 도식이 쉽게 촉발되지 않아 실제 애착의 질적 측면을 반영하는 데 다소의 어려움이 예상될 수 있다(조현주, 권정혜, 2002). 따라서 추후 연구에서는 애착수준을 평가하기 위해 자기보고형 질문지뿐 아니라 반구조화된 면접법 등을 병행할 필요가 있겠다.

둘째, 연구 2에 참여한 기혼여성 우울증 환자의 사례 수가 상대적으로 적어 통계적 검증에 민감하지 않았을 가능성이 있으며, 본 연구의 결과를 우울한 여성에게 일반화하기가 다소 어려울 가능성이 있다는 점이다. 따라서 추후연구에서는 보다 많은 수의 연구대상을 확보할 필요가 있겠다.

셋째, 본서의 연구에서는 기혼남성 우울증 환자는 상대적으로 사례가 적어 성별에 따른 분석이 어렵다는 점과 여성 우울증 환자에 비해 부부갈등과 우울간의 관련성이 상대적으로 낮다는 선행연구 결과(Olinger, Kuiper, & Shaw, 1987)에 근거해 제외되었으나 우울증상과 결혼 불만족 간의 관계를 보다 자세히 이해하기 위해서는 남성 우울증 환자 또한 연구에 포함시켜야 할 것이다.

넷째, 우울한 사람의 배우자를 포함한 부부연구도 필요하다고 생각한다. 즉 이들의 우울수준이 배우자의 결혼 만족도를 어느 정도 설명할 수 있는지 탐색할 필요가 있다. Whisman과 Uebelacker-(2004)에 따르면 우울과 불안은 자신의 결혼 만족도와 유의미한 상관을 나타내며 특히 우울수준은 상대편 배우자의 결혼 만족도를 저해시키는 것으로 나타났다.

다섯째, 본서의 연구 2에서 치료적 효과를 검증하기 위해 사용된 결혼 만족도 하위 측정치들은 주관적 자기보고에 근거한 것이므로 실제 치료에 참여한 우울증 환자들이 일상생활에서 기능수준이 객관적으로 얼마나 향상되었는지를 검토하지는 못하였다는 점이다. 이 점을 보완하기 위해 추후연구에서는 행동관찰 및 배우자의 평정 등 다양한 보완자료를 마련할 필요가 있겠다.

여섯째, 결혼 불만족에 관한 외국의 이론적 모형들이 한국 여성들에게 적합하지 않을 가능성이 있다. 즉 한국 여성의 경우 우울을 유발하는 부부문제의 유형이 외국과 다를 수 있으며, 의사소통이나 성적 상호작용의 패턴도 다르고 그 표현방식이나 불만족과 관련된 요인도 다를 수 있다. 또한 결혼 만족도에 대한 세대 간 차도 외국에 비해 뚜렷할 가능성이 있으며 부부문제와 같은 민감한 문제에 대해 솔직하지 않은 반응을 하였을 가능성도 있다. 따라서 추후연구에서는 이런 문화적 차이를 보다 자세히 탐색하고 결혼 만족도에 대한 비교 문화적 연구를 시행하는 것도 의미가 있을 것이다.

본서의 연구는 상기한 몇 가지 제한점에도 불구하고 다음과 같은 측면에서 공헌점과 시사점이 있다고 할 수 있다. 첫째, 본서의 연구 결과는 인지 - 대인관계 접근에서 결혼 불만족과 우울과의 관계를 이해하고 예측하는 데 기여하였다고 생각된다. 즉 애착수준, 역기능적 태도, 부부 의사소통패턴, 우울 및 결혼 만족도와의 관계와, 결혼 만족도에 대한 인지 - 대인관계 변인들의 설명력의 차이를 파악하는 데 기여하였다. 둘째, 구조방정식을 이용하여 인지 -

대인관계 접근을 변인들 간의 인과모형으로 구축하고 그 적합성을 검증함으로써 우울한 사람들이 어떤 경로를 거쳐 결혼 불만족에 이르게 되는지를 이해하는 데 시사점을 제공하였다. 셋째, 실제 기혼여성 우울증 집단을 대상으로 치료적 개입의 효과를 검토해 봄으로써 인지 – 대인관계 치료의 효율성을 경험적으로 입증하였다. 종합하면, 본서의 연구 결과는 우울한 사람들의 부부갈등과 결혼 불만족의 원인을 이해하고 이들의 행동을 예측하기 위한 이론적 틀을 정교화시켰으며 치료적 전략을 구상하는 데 실질적인 도움을 주었다는 데 의의가 있다고 하겠다.

참고문헌

권석만(1994). 한국판 역기능적 태도척도의 신뢰도, 타당도 및 요인구조. 심리과학, 3(1), 100 – 111.

권정혜(1996). 임신중 우울에 대한 스트레스 – 취약성 모델 검증. 한국심리학회지: 임상, 15, 33 – 43.

권정혜(2002). 우울증 환자의 역기능적 대인관계 특성. 한국심리학회지: 임상, 21(3), 595 – 607.

권정혜, 채규만(1999). 한국판 결혼 만족도 검사의 표준화 및 타당화 연구 Ⅰ. 한국심리학회지: 임상, 18(1), 123 – 129.

김계수(2001). 구조방정식 모형분석. SPSS 아카데미.

김쟁산(1983). 부부간 커뮤니케이션이 부인의 결혼 만족도에 미치는 영향에 관한 일연구. 부산대학교 대학원 석사학위 청구논문.

김은정(1994). 우울증상의 지속에 영향을 미치는 인지적, 행동적 변인들. 연세대학교 대학원 박사학위 청구논문.

김은정, 권정혜(1998). 우울증상과 관련된 대인관계 취약성: 사회성 및 자율성 성격 유형을 중심으로. 한국심리학회지: 임상, 17(1), 155 – 169.

조용래, 김정호(2002). 한국판 Beck Depression Inventory(BDI)의 요인구조: 임상표본을 대상으로 한 확인적 요인분석의 적용. 한국심리학회지: 임상, 21(1), 247 – 258.

박성호(2001). 부부의 자아존중감, 내적통제성 및 의사소통과 결혼 만족도와의 관계. 서강대학교 교육대학원 석사학위 청구논문.

서수경, 이정덕(1991). 부부간 의사소통유형과 자존감 및 인구사회학적 변인과의 상관성에 관한 연구. 대한가정학회지: 29(2), 199 - 215.

송말희(1986). 도시부부의 커뮤니케이션 이해도와 결혼 만족도간의 관
　　계연구. 숙명여자대학교 대학원 석사학위 청구논문.

이동식(1983). 현대인과 노이로제. 서울: 일지사.

이영호, 송종용(1991). BDI, SDS, MMPI - D 척도의 신뢰도 및 타당도
　　에 대한 연구. 한국심리학회지: 임상, 10(1), 98 - 113.

이정은, 이영호(2000). 개인특성, 스트레스 및 부부간 의사소통과 결혼
　　만족도와의 관계. 한국심리학회지: 임상, 19(3), 531 - 548.

임승락, 권정혜(1998). 우울증상이 부부간 의사소통 행동에 미치는 영
　　향. 한국심리학회지: 임상. 17(2), 17 - 31.

장문선, 김영환(2002). 부부 의사소통패턴과 특징적 갈등대처방식. 한국
　　심리학회지: 임상, 21(2), 331 - 347.

장문선, 김영환(2003). 기혼여성 우울증 환자의 결혼 만족도에서 역기능
　　적 태도와 부부 의사소통패턴의 특성. 한국심리학회지: 임상,
　　22(2), 399 - 414.

장문선(2003). 기혼여성의 우울증상과 결혼 만족도: 내외통제성, 역기능
　　적 태도를 중심으로. 상담학 연구, 4(3), 577 - 590.

장휘숙(1997). 성인애착의 3범주 모델과 4범주 모델의 비교. 한국심리학
　　회지: 발달. 10, 123 - 138.

정방자 저(1998). 정신역동적 상담. 학지사.

정방자, 최경희 저(2000). 대인관계와 정신역동. 이문사.

조현주, 권정혜(2002). 임신 중 우울에 대한 애착 모델. 한국심리학회지:
　　임상, 21(4). 727 - 744.

홍신례(1987). 부부간의 커뮤니케이션과 결혼 만족도와의 관계. 대구가
　　톨릭대학교 대학원 석사학위 청구논문.

Ainsworth, M. D. S., Blehar, M. C., Waters, E., & Wall, S.(1978).
　　Patterns of attachment: *A psychological study of the strange situation.*
　　Hillsdale, NJ: Erlbaum.

Anderson, P., Beach, S. R., & Kaslow, N.(1999). Marital discord and
　　depression: The potential of attachment theory to guide integrative

clinical intervention. In T. Joiner & J. Coyne(Eds.). *The interactional nature of depression.(pp. 271 −298)*. Washington, D. C.: American Psychological Association.

Barnett, P. A., & Gotlib, I. H.(1988b). Psychological functioning and depression. Distinguishing among antecedents, concomitants and consequences. *Psychological Bulletin, 104*, 97 − 126.

Bartholomew, K., & Horowitz, L. M.(1991). Attachment styles among young adults: A test of a four − category model. *Journal of Personality and Social Psychology, 61*, 226 − 244.

Beach, S. I., Sandeen, E. E., & O'Leary, K. D.(1990). *Depression In Marriage*. New York, Guilford Press.

Beavers, W. A.(1985). *Successful marriage: A family systems approach to couples therapy*. New York: Norton.

Beck, A. T.(1967). *Depression: Clinical, experimental and theoretical aspects*. NY: Hoeber.

Beck, A. T.(1976). *Cognitive therapy and the emotional disorders*. New York; Harper & Row.

Beck, A. T., & Rush, A. J., Shaw, B. F., & Emery, G.(1979). *Cognitive Therapy of Depression*. New York, Guilford Press.

Becker, R. E., & Heimberg, R. G.(1985). Social skills training approaches. In M. Hersen & A. S. Bellack(Eds.), *Handbook of clinical behavior therapy with adults*(pp. 201 − 226). New York: Plenum Press.

Becker, R. E., & Heimberg, R. G., & Bellack, A. S.(1987). *Social skills training treatment for depression*. New York, Pergamon Press.

Billings, A. G., Cronkite, R., & Moos, R.(1983). Social − environmental factors in unipolar depression: Comparisons of depressed patients and nondepressed controls. *Journal of Abnormal Psychology, 93*, 119 − 133.

Blatt, S. J., & Zuroff, D.(1992). Interpersonal relatedness and self − definition: Two prototypes for depression. *Clinical Psychology Review*,

12. 527 − 562.

Bowlby, J.(1969). Attachment and loss. Vol. Ⅰ. *Attachment*. New York: Basic Books.

Bowlby, J.(1973). *Attachment and loss*: Vol Ⅱ. *Separation: Anxiety and anger*. New York: Basic Books.

Brown, G. W., & Harris, T.(1978). *Social origins of depression: A study of psychiatric disorders in woman*. New York: Basic Books.

Bubenzer, D. L., & West, J. D.(1992). *Counseling couples*. London, Sage.

Burleson, B. R., & Denton, W. H.(1997). The relationship between communication skill and marital satisfaction: Some moderating effects. *Journal of Marriage and the Family, 59,* 884 − 902.

Burns, D. D.(1980). *The Perfectionist's Script for self − defeat*. Psychology Today: November.

Burns, D. D., Sayers, S. L., & Moras, K.(1994). Intimate relationships and depression: Is there a causal connection? *Journal of Consulting and Clinical Psychology, 62,* 1033 − 1043.

Carnelley, K. B., Pietromonaco, P. R., & Jaffe, K.(1994). Depression, working models of others, and relationship functioning. *Journal of Personality and Social Psychology, 66,* 127 − 140.

Carnelley, K. B., Pietromonaco, P. R., & Jaffe, K.(1996). Attachment, caregiving, and relationship functioning in couples: Effects of self and partner. *Personal Relationships, 3,* 257 − 278.

Christensen, A.(1987). Detection of conflict patterns in couples. In K. Hahlweg & M. J. Goldstein(Eds.), *Understanding major mental disorder: The contribution of family interaction research*(pp. 250 − 265). New York: Family Process Press.

Christensen, A., & Shenk, J, L.(1991). Communication, conflict, and psychological distance in nondistressed, clinical, and divorcing couples. *Journal of Consulting and Clinical Psychology, 59,* 458 − 463.

Christensen, A., & Sullaway, M.(1984). *Communication Pattern Questionnaire. Unpublished manuscript*, University of California, Department of

Psychology, Los Angeles.

Collins, M. L., & Read, S. J.(1990). Adult attachment, working model, and relationships quality in dating couples. *Journal of Personality and Social Psychology, 58,* 644 − 663.

Collins, M. L., & Read, S. J.(1994). Cognitive representations of attachment: The content and function of working model. In K. Bartholomew & D. Perlman(Eds.). *Advances in Personal Relationships*(vol. 5, pp. 53 − 90). London: Jessica Kingsley.

Cook, W. L.(2000). Understanding attachment security in family context. *Journal of Personality and Social Psychology, 78,* 285 − 294.

Coyne, J. C.(1976). Toward an integration description of depression, *Psychiatry, 39,* 28 − 40.

Cummings, E. M., & Cicchetti, D.(1990). Toward a transactional model of relations between attachment and depression. In M. T. Greenberg, D. Cicchetti & E. M. Cummings(Eds.), *Attachment in the preschool years: Therapy, research and integration(pp. 339 − 372).* Chicago: University of Chicago Press.

Diamond, D., & Blatt, S. J.(1994). Internal working models and the representational world in attachment and psychoanalytic theories. In M. B. Spering & W. H. Berman(Eds.). *Attachment in adults*(pp. 72 − 97). NY: Guilford Press.

Dewald, P. A.(1969). *Psychotherapy: A Dynamic Approach*(2nd Ed.). New York: Basic Books.

Feeney, J. A., & Noller, P.(1990). Attachment styles as a predictor of adult romantic relationships. *Journal of Personality and Social Psychology, 58,* 281 − 291.

Feeney, J. A., & Collins, N. C.(2001). Predictors of caregiving in adult intimate relationships: An attachment theoretical perspective. *Journal of Personality and Social Psychology, 80(6),* 972 − 994.

Gara, M. A., Woolfolk, R. L., Cohen, B. D., Goldston, R. B., Allen, L. A., & Novalancy, J.(1993). Perception of self and other in major depression. *Journal of Abnormal Psychology,* 102, 93 – 100.

Geiss, S. K., & O'Leary, K. D.(1981). Therapist ratings of frequency and severity of marital problems: Implications for research. *Journal of Marital and Family therapy,* 7, 515 – 520.

Gotlib, I. H.(1992). Interpersonal and cognitive aspects of depression, *Current Directions in Psychological Science, I,* 149 – 154.

Gotlib, I. H., & Colby, C. A.(1987). *Treatment of depression: An interpersonal systems approach.* New York: Pergamon Press.

Gotlib, I. H., & Hammen, C. L.(1992, 1995). *Psychological aspects of depression: Toward a cognitive interpersonal integration,* Chichester: Wiley.

Gotlib, I. H., & Hooley, J. M.(1988). Depression and marital distress: Current status and future directions. In S. W. Duck(Ed.), *Handbook of personal relationships*(pp. 543 – 570). Chichester, England: Wiley.

Gotlib, I. H., Lewinsohn, P. M., & Seeley, J. R.(1996). Symptoms vs a diagnosis of depression: Differences in psychosocial functioning. *Journal of consulting and clinical Psychology, 63,* 90 – 100.

Gotlib, I. H., & Whiffen, V. E.(1989). Depression and marital functioning: An examination of specificity and gender differences. *Journal of Abnormal Psychology, 98,* 23 – 30.

Hahlweg, K., Revenstorf, D., & Schindler, L. (1984). Effects of behavioral marital therapy on couples' communication and problem – solving skills. *Journal of Consulting and Clinical Psychology, 52,* 553 – 566.

Hammen, C. L.(1991). *Depression runs in families: the social context of risk and resilience in children of depressed mothers.* NY: Springer – Verlag.

Hammen, C. L., Burge, D., Daley, S. E., & Davilla, J.(1995). Interpersonal attachment cognitions and prediction of symptomatic responses to interpersonal stress. *Journal of Abnormal Psychology,* 104, 436 – 443.

Hamilton, N. G.(1994). *Object relation theory. Encyclopedia of Human Behavior, Vol 3,* Copylighty Academic Press, Inc.

Hautzinger, M., Linden, M., & Hoffman, N.(1982). Distressed couples with and without a depressed partners: An analysis of verbal interaction. *Journal of Behavior Therapy and Experimental Psychiatry. 13,* 307 – 314.

Hawton, L., Salkovskis, P. M., Kirk, J., & Clark, D. M.(1989). *Cognitive Behavior Therapy for Psychiatric Problems,* Oxford University Press.

Heavey, C. L., Layne, C., & Christensen, A.(1993). Gender and conflict structure in marital interaction: A replication and extension. Journal of Consulting and Clinical Psychology, 61, 16 – 27.

Hinchliffe, M., Hooper, D., & Roberts, F. J.(1978). *The Melancholy Marriage.* NY: J. Wiley.

Hooley, J. M., & Teasdale, J. D.(1989). Predicators of relapse in unipolar depressives: Expressed emotion, marital distress, and perceived criticism. *Journal of Abnormal Psychology, 55,* 341 – 346.

Hops, H., Biglan, A., Sherman, L., Arthur, J., Friedman, L., & Osteen, V.(1987). Home observations of family interactions of depressed woman. *Journal of Consulting and Clinical Psychology, 55,* 341 – 346.

Joiner, T. E.(1995). The price of soliciting and receiving negative feedback: self – verification therapy as a vulnerability to depression theory, *Journal of Abnormal Psychology, 104,* 364 – 372.

Kahn, J., Coyne, J. C., & Margolin, G.(1985). Depression and Marital Disagreement, *Journal of Social and Personal Relationships, 2,* 447 – 461.

Kowalik, D. L., & Gotlib, I. H.(1987). Depression and marital interaction: Concordances between intent and perception of communication. *Journal of Abnormal Psychology, 96,* 127 – 134.

Kuiper, N. A., & Olinger, L. J.(1986). Dysfunctional attitudes and a self – worth contingency model of depression. In: *Advances in cognitive – behavioral research and therapy.* Kendall PC(ed), New York, Academic Press.

Kuiper, N. A., Olinger, L. J., & Martin, R. A.(1988). Dysfunctional

Attitudes, Stress, and Negative Emotions. *Cognitive Therapy and Research, 12(6),* 533 – 547.

Kunce, L. J., & Shaver, P. R.(1994). An attachment – theoretical approach to caregiving in romantic relationships. In K. Bartholomew & D. Perlman (Eds.), *Attachment process in adulthood*(pp.205 – 237). London: Jessica Kingsley.

Linden, M., Hautzinger, M., & Hoffman, N.(1983). Discriminant analysis of depressive interactions. *Behavioral Modification, 7,* 403 – 422.

Luciano, L., & Dennis, A. B.(1992). *Sourcebook of marriage and family Evaluation.* Brunner/Mazel Publishers.

Merikangas, K. R. (1984). Divorce and assortative mating among depressed patients. *American Journal of Psychiatry, 141.* 74 – 76.

Mikulincer, M.(1998). Adult attachment styles and affect regulation: Strategic variations in self – appraisal. *Journal of Personality and Social Psychology, 75(2),* 420 – 435.

Mikulincer, M., & Florian, V.(1998). The relationship between adult attachment styles and emotional and cognitive reactions to stressful events. In J. A. Simpson & W. S. Rholes(Eds.), *Attachment theory and close relationships*(pp. 143 – 165). New York: Guilford Press.

Mikulincer, M., & Horesh, N.(1999). Adult attachment style and the perception of others: The role of projective mechanisms. *Journal of Personality and Social Psychology, 76(6),* 1022 – 1034.

O'Leary, K. D., & Beach, S. R. H.(1990). Marital therapy: A viable treatment for depression. *American Journal of Psychiatry, 147.* 183 – 186.

Olinger, L. J., Kuiper, N. A., & Shaw, B. F.(1987). Dysfunctional attitudes and stressful life events: An interactive model of depression, *Cognitive Therapy and Research, 12,* 25 – 40.

Oliver, J. M., & Baumgart, E. P.(1985). The Dysfunctional Attitude Scale: Psychometric properties and relation to depression in

unselected adult population. *Cognitive Therapy and Research, 9,* 161
－167.

Pietromonaco, P. R., & Barnett, L. F.(1997). Working models of attachment
and daily social interations. *Journal of Personality and Social
Psychology, 73,* 1409－1423.

Robert, J. E., Gotlib, I. H., & Kassel, J. D.(1996). Adult attachment
security and symptoms of depression. *Journal of Personality and
Social Psychology, 70,* 310－320.

Rounsaville, B. J., Weissman, M., Prusoff, B. A., & Herceg－Baron, R.
L.(1979). Marital disputes and treatment outcome in depressed
woman, *Comprehensive Psychiatry, 20,* 483－490.

Ruiter, C.(1994). Anxious attachment in agoraphobia and obsessive－
compulsive disorder: A literature review and treatment
implications. In C. Perris, W. A. Arrindell, & M.Eisemann(Eds.),
Parenting and psychopathology(pp. 281－307). Chichester: Wiley.

Ruscher, S. M., & Gotlib, I. H.(1988). Marital interaction patterns of
couples with and without a depressed partner. *Behavior Therapy,
19,* 455－470.

Safran, J. D.(1990). Towards a refinement of cognitive therapy in light
of interpersonal theory: II Practice. *Clinical Psychology Review, 10,*
107－121.

Saul, L. J.(1979). *The childhood Emotional Pattern and Psychodynamic Theory.*
New York: Von Nonstrand Reinhold Company.

Simpson, J. A., Rholes, W. S., & Nelligan, J. S.(1992). Support seeking
and support giving within couples in and anxiety－provoking
situation: The role of attachment styles. *Journal of Personality and
Social Psychology, 62,* 446－454.

Snyder, D. K.(1997). *Marital Satisfaction Inventory, Revised(MSI－R)
Manual.* Los Angeles: Western Psychological Service.

Sperry, L., & Carlson, J.(1991). *Marital therapy: Integrating theory and
technique.* Denver, CO: Love Publishing.

Uebelacker., & Anne, L.(2001). Mediators of the association between marital dissatisfaction and depression: Self–silencing and perceptions of demand–withdraw communication. Dissertation Abstracts International: *The Sciences & Engineering, 62,* 3840–3852.

Weiss, R. L., & Avid, B. M.(1978). Marital satisfaction and depression as predicators of physical health status. *Journal of Consulting and Clinical Psychology, 46,* 1379–1384.

Weissman, M. M., & Beck, A. T.(1978). *Development and validation of Dysfunctional Attitude Scale.* Paper presented at the American Educational Research Association Annual Convention, Toronto, Canada.

Whisman, A. M., & Kwon, P.(1992). Parental representation, cognitive distortion and mild depression. *Cognitive Therapy and Research, 16,* 557–568.

Whisman, M. A., & McGarvey, A. L.(1995). Attachment, depressive cognitions and dysphoria. *Cognitive Therapy and Research, 19,* 633–650.

Whisman, M. A., & Uebelacker, L. A.(2004). Psychopathology and Marital Satisfaction: The Importance of Evaluating Both partners. *Journal of Consulting and Clinical Psychology, 72,* 830–838.

Windy, D., & Robert, R.(1991). *Adult clinical Problems,* Routledge London and New York.

과거 양육자와의 관계경험이 현재 대인관계에 미치는 영향(인지
- 대인관계 집단)

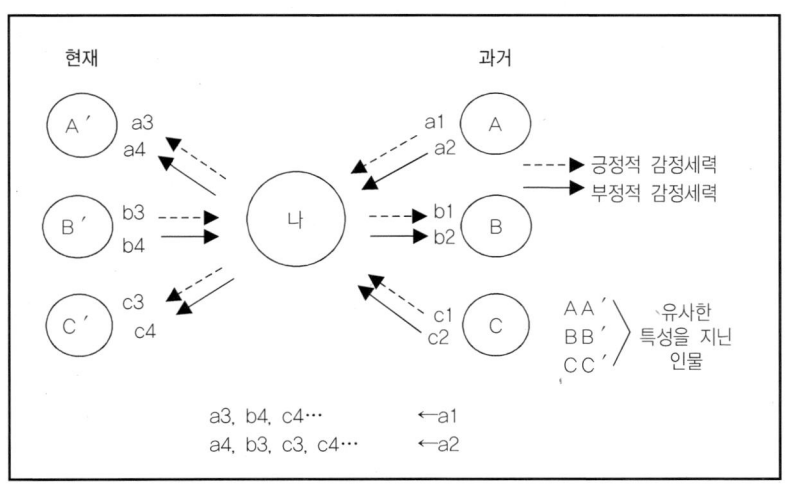

역동영향의 상호관련성

예) 의존심에 가득 찬 父(A)가 생활을 책임지지 않고 가족을 때
리는 등 母를 늘 괴롭혔다고 하자. 자녀는 父에 대한 적개심, 무시
하고 싶은 심정(a2)을 가질 수 있다. 동시에 그것을 책임지고 묵묵

히 받아들였던 母(B)에 대해서는 연민의 정(b1)을 가질 것이다. 그런데 현재 남편이 결혼 후 父와 같은 성실하지 못하고 책임감 없는 행동을 한다면(A′) 父에 대한 기억과 관계경험으로 인해 실제 남편의 모습보다도 더욱더 경멸, 무시하는 등 적개심을 가질 것이다(a4). 그러나 母와 같이 피해를 보는 사람(B′)에게는 즉시 도와주고 싶은 마음(b3)이 생길 것이다. 그리고 B′에게 권위적으로 대하고 지시하는 또 다른 C′(예; 시어머니)에게도 적대감(c4)을 느낄 수 있는 것이다. 이처럼 과거 父에 대한 감정은 A′와 C′에게는 부정적으로, B′에게는 긍정적인 영향을 미치는 것이다. 또한 母에 대한 감정은 B′에게는 긍정적으로, C′에게는 부정적으로 영향을 미치는 것이다.

부부관계에서의 ABC 이해(인지 – 대인관계 치료집단/치료요소 통제집단)

일반적으로 우리는 나를 속상하게 하고 비참하게 만드는 사건이나 사람(A) 때문에 내가 화(C)난다고 생각합니다. 그러나 자세히 살펴보면 어떤 사건이나 사람 때문이 아니라 그 사건에 대해 여러분 각 개인이 가지고 있는 생각, 특히 비합리적인 믿음이나 생각 때문에 화가 나는 경우가 대부분입니다.

▶ 일반적으로 우리는
나를 화나게 하는 사건이나 사람(A) 때문에 화(C)가 난다고 생각합니다.

[A]→[C]
남편에게 다른 채널을 보자고 화가 난다
했는데 그대로 자기 보는 채널만 보고 있다

그러나 실제 정확한 과정은 다음과 같습니다.

[A]→[B]→[C]

남편에게 다른 채널을 보자고 남편이 내 말을 들어 주지 않는

화가 난다

했는데 그대로 자기 보는 채널만 본건 날 무시하기 때문이야

보고 있다

★ 만일 당시 남편이 헤드폰을 하고 음악을 듣고 있어서 내 말을 들을 수 없는 상황이었다면 어땠을까요. 같은 상황이라도 우리는 다른 감정을 가질 수 있습니다.

즉 같은 사건(A)이 같은 감정(C)을 가져오는 것은 아닙니다. 나의 감정(C)은 사건(A)에 대한 나의 생각(B)에 따라 달라질 수 있습니다.

이제 부부관계에서 흔히 겪을 수 있는 갈등상황에서 경험한 감정에 이러한 나 자신의 비합리적인 생각이 어떻게 연관되어 있는지 다음의 예를 살펴봅시다.

인지적 오류의 유형과 부부관계에서의 실재(인지 – 대인관계/치료
요소 통제집단)

인지적 오류(역기능적 태도)	부부관계에서의 예
당위적 생각(반드시 – – 해야 한다) 성취지향적 태도/관계지향적 태도	남편은 절대 실수하면 안 된다(타인지향적 완벽주의). 나는 남편에게 절대 못하는 모습 보여 줘선 안 된다. 남편은 반드시 내 부탁을 들어 줘야 한다.
흑백논리	남편이 전화를 하기로 해 놓고 안 했는데, 이건 날 골탕 먹이려고 일부러 그러는 거야
나와 관련짓기(자신과 아무 관련없는 일이 나 때문이라고 생각)	남편이 아이를 야단치는 건 나 들으라고 하는 소리야
임의적 추론(지레짐작하기)	시어머니는 날 처음부터 달가워하지 않으셨으니 앞으로도 계속 그럴 거야
극단적 생각(과장과 축소)	남편은 친정식구를 아무도 좋아하지 않아. 우리 식구들은 다 남편을 좋아하는데. 이건 불공평해
자기비하적 사고	난 늘 이것밖에 안 되지. 그러니 남편이 날 싫다고 하는 거야

부부관계에서의 갈등상황과 비합리적 생각 연결짓기/합리적으로
수정하기

　* 인지 – 대인관계 치료집단, 치료요소 통제집단 모두 해당

인지적 오류와 관련된 과거 관계패턴 찾고 이해하기(인지 – 대인
관계 치료집단)

▶ 다음의 자기탐색 사례를 살펴봅시다.

일시	갈등상황(A)	비합리적 사고(B)	감정/행동 (C)	합리적 사고로의 수정(D)	대안적 감정/행동(E)
04.9.20.	남편에게 다른 채널을 보자고 했는데 자기 보던 채널만 보고 있다.	내 말을 안 들어 주는 건 날 무시 하기 때문이다.	남편에게 화가 나고 언성을 높여 시끄러우니 TV를 끄라고 한다.	남편이 내 소리를 못 들었을 수도 있고 너무 보고 싶은 프로라 그랬을 수 있다. 날 무시하는 건 아니다.	남편이 어린애같 이 느껴져 화내 기보단 달래고 싶어진다. "여보, 이거 그렇게 재 미있어요?" 하니 남편이 같이 보자고 한다.

나의 행동패턴을 살펴보면 일맥상통하는 점이 있는 것 같다. 대체로 아버지와 많이 관련된 것 같다. 예를 들면 상대방에게 맞추려 하고 상대방의 부탁을 잘 거절하지 못한다. 분위기를 띄우려 하고 강압적이거나 단정적인 사람을 보면 반발심이 생긴다. 남의 시선을 많이 의식한다 또는 남의 평가에 민감한 편이다. 정해진 틀이나 규칙은 꼭 지켜야 하고 그러나 이러한 것에 몹시 답답함을 느낀다. 대체로 생각나는 나 자신의 패턴은 이런 것들이다. 아버지는 참사랑을 표현하는 법이 없으시고 대신 평가는 많으셨던 분이었다. 어머니 역시 나에 대한 기대치가 무척이나 높으신 분이었고 그러다 보니 두 분의 기대치에 맞추기 위해 무진 애를 썼는데도 늘 부족하고 모자라 그것이 자신에 대한 열등감 내지 학대로 나타났던 것 같다. 나는 사랑받고자 하는 욕구가 너무나 큰 것 같지만 이 욕구가 건전하지 않은 너무나 다양한 방식으로 나타나는 것 같다(정방자, 최경희(2000)에서 인용).

▶ 여러분은 일상생활에서 많은 사람들과 관계를 하고 있습니다. 특히 현재 여러분의 가장 중요한 관계는 남편 및 아이들과의 관계라 할 수 있습니다. 이제 이러한 과거 자신의 부모와의 관계 경험이 현재 남편과의 관계에 어떠한 영향을 미치고 있는지를 다음의 일지를 통해 확인해 보도록 합시다(다음 장).

남편과의 갈등상황 기록지

일시	갈등상황	생각과 감정	스트레스점수 (0 - 100)	인지적 오류 찾기	관련된 과거 관계패턴 찾기	스트레스 점수의 변화
	첫째가 모의고사를 잘 못 쳤는데 남편이 아이에게 버럭 화를 낸다.	공부 못하는 걸 마치 내 탓인 양 하는 것 같다. 집에서 놀면서 애 공부 하나 못 봐주나 하는 생각을 하는 듯하다 (억울함, 화가 남, 불안함).	98	내 잘못이라는 뚜렷한 증거는 없잖아. 또 아이 성적이 떨어지니 나도 속상한데 남편도 속이 당연히 상하겠지. 그래도 버럭 소리를 지르는 건 좋지 않다.	열심히 해도 늘 인정해 주지 않고 잘못한 것만 찾아 면박을 주곤 하였던 아버지 때문에 늘 뭔가 잘못된 일이나 상황이 벌어지면 다른 사람의 눈치를 보게 되는데 여기서 남편에게 경험한 감정도 유사한 것 같다.	67

　* 인지 - 대인관계 집단에서는 갈등상황에서의 부정적 인지 찾고 수정하기에 더하여 관련된 과거 관계패턴 찾기가 포함되나 치료요소 통제집단에서는 갈등상황에서의 부정적 인지 찾고 수정하기만 포함됨.

부정적 부부 의사소통패턴의 이해

▶ 부부 의사소통패턴이란 부부 사이에 이루어지는 반복적이고 지속적인 대화의 방식을 의미합니다. 이 방식은 일반적으로 다음과 같은 5가지 유형이 있습니다(공통사항).

① 상호 건설 의사소통: 갈등상황에서 상대방의 이야기를 수용, 경청하고 건설적인 대안을 마련할 수 있음

② 상호 손상 의사소통: 갈등상황에서 파괴적이고 공격적인 의사소통을 하는 것으로, 욕이나 물리적 폭력, 인신공격 등의 방식을 나타냄

③ 상호 회피 의사소통: 갈등상황에서 양자 모두 문제를 언급하지 않고 대화를 회피하는 방식

④ 남편요구 – 아내철회 의사소통: 갈등상황에서 남편은 아내를 비난하고 불평하거나 변화를 추구하는 대화를 시도하는 반면 아내는 대화를 끝내려 한다거나 대화의 주제를 바꾸거나 침묵을 지키거나 대화장소를 떠남으로써 대화 자체를 회피

하는 것을 의미함

⑤ 아내요구 - 남편철회 의사소통: 갈등상황에서 아내는 남편을
비난하고 불평하거나 변화를 추구하는 대화를 시도하는 반
면 남편은 대화를 끝내려 한다거나 대화의 주제를 바꾸거나
침묵을 지키거나 대화장소를 떠남으로써 대화 자체를 회피
하는 것을 의미함

▶ 이러한 의사소통패턴 중 갈등상황에서 남편과 자신이 주로
경험하는 부정적 의사소통방식은 어떠한 것인지를 생각해 봅시다.
특히 이러한 의사소통방식이 과거 부모와의 관계패턴과 어떤 연관
이 있는지를 탐색한 후 다음의 일지를 작성해 봅시다(인지 - 대인
관계 치료집단).

▶ 이러한 의사소통패턴 중 갈등상황에서 남편과 자신이 주로
경험하는 부정적 의사소통방식은 어떠한 것인지를 생각해 본 후
다음의 일지를 작성해 봅시다(치료요소 통제집단).

부정적 부부 의사소통패턴과 관련된 과거 경험 찾기

일시	갈등상황	남편과의 의사소통패턴	관련된 과거 관계패턴 찾기
	추석 준비하다가 동서와 신경전을 벌였다. 내가 병원에 다니는 걸 은근히 비꼬는 듯한 태도를 보여서(형님, 차도는 있으세요?) 무척 속이 상했다. 남편에게 하소연하고 싶었다.	남편에게 동서와의 일을 말하고 속상하다고 하였다. 위로받고 싶었고 괜찮다는 말을 듣고 싶었는데 남편이 아무 말도 없이 가만히 있었다. 다시 이야길 하니 '그만 좀 하지'라 하여 속이 상했다. 나는 '당신은 내 편이냐 재수씨 편이냐 나를 위하는 마음이 있는 거냐'라 하였고 남편은 문을 쾅 닫고 나가 버렸다(아내요구-남편철회 의사소통).	정확한 것인지는 몰라도 어렸을 때 엄마가 내가 무슨 말을 하면 비아냥거리는 듯한 느낌을 많이 받았다. 나는 잘한다고 했는데도 '다 그렇지 뭐. 너보다 잘하는 사람 많다'는 듯한 느낌을 주는 표정…… 그래서 엄마 칭찬받으려고 계속 내가 잘했는지 못했는지를 확인받으려 했던 것 같다. 남편과의 관계에서도 이런 느낌을 많이 받는다.

* 치료요소 통제집단의 경우 관련된 과거 관계패턴 찾기는 포함되지 않음

건설적인 부부 의사소통방식의 이해 Ⅰ(인지 – 대인관계/치료요소 통제집단)

(1) 수용/경청

듣는 자세

① 상대방이 이야기할 때 부드러운 시선을 보내면서 편안하고 자연스런 자세를 취한다.
② 상대방의 이야기를 잘 듣고 있다는 표시로 고개를 끄덕인다.
③ 상대방의 말을 중간에 절대로 끊지 않도록 한다. 늘 상대방의 말이 끝나기를 기다렸다가 이야기한다.
④ 상대방의 이야기에서 표면적인 내용뿐만 아니라 그가 전달하려고 하는 저변의 의미, 즉 심정까지 정확히 이해하도록 노력한다.
⑤ 상대방이 말을 마친 후 들은 것을 되새겨 본다.
  예) "그러니까 당신의 말은… 라는 뜻이지요?"

기본적인 대화기술

① 상대방의 말이나 행동에는 뭔가 이유가 있다는 것을 의식하고 그의 말을 좀 더 자세히 들어보려고 노력한다.
② 상대방의 말을 상대방의 입장에서 이해하고 알아주려고 노력한다.
③ 상대방의 기분을 알아준다.
④ 서로 간의 생각이 다를 수 있다는 것을 인정하고 상대방과 의견이 다른 경우라도 내 의견을 끝까지 고집하지 않는다.

(2) 공감연습

다음의 각 대화에서 상대방이 표현하고자 하는 내용의 핵심과 그에 따른 느낌을 지각하여 그것에 대해 반응해 봅시다.

방법

① 상대방이 이야기할 때 상대방의 언어적, 비언어적 메시지를 경청함

② 상대방이 이야기한 내용의 핵심과 그에 따른 느낌을 정확히 파악함

③ 상대방에게 이해될 수 있는 언어와 느낌을 낱말로 반영함

반응양식:
(상황 혹은 진술 내용의 핵심) 하기 때문에(느낌 낱말) 하게 되는구나

연습

① "오늘 회사에서 조직개편 소문이 돌던데 짜증스러워. 뭐가 어떻게 돌아가는 건지……"

당신의 반응: _____ 하기 때문에 _____ 하게 느끼는군요.

② "둘째 놈은 왜 저렇게 설쳐대는 거지? 저래가지고 학교에서 괜찮은 거야?"

당신의 반응: _____ 하기 때문에 _____ 하게 느끼는군요.

③ "오늘은 입맛이 좀 없어. 뭐 색다른 걸 좀 먹으면 어떨까?"

당신의 반응: _____하기 때문에 _____

하게 느끼는군요.

(3) 나 – 전달법의 사용(I – Message)

상대방에게 자신의 행위에 대해 무조건 행동수정을 요구하고 비난하는 것이 아니라 상대방의 행위에 대한 나의 입장에 초점을 맞추어 나 자신의 감정을 알리는 것을 뜻함.

▶ 대부분의 사람들은 나를 주어로 하기보다는 상대방을 주어로 하는 너 – 메시지를 많이 쓰고 있습니다. 이러한 너 메시지는 효과적인 의사소통을 방해하는 요소가 됩니다. 주로 많이 사용되는 너 – 메시지의 경우는 상대방을 비난하거나 판단하는 메시지를 전달하기 때문에 상대방으로 하여금 불쾌감을 유발하고 방어하게끔 만듭니다. 자신의 감정에 대한 책임을 상대방에게 전가시키고 자신의 문제를 상대의 문제인 것처럼 행동함으로써 관계를 왜곡시킬 수 있습니다.

▶ 반면 나 – 메시지는 모든 느낌이나 감정이 자신에게서 비롯되었으며 문제의 소유자가 자신임을 인식하게 하고 그에 대한 책임을 자신이 지게 됩니다. 나 – 메시지의 활용은 자신을 보다 잘 이해하게 하며, 상대방에게 자신을 더 잘 알릴 수 있게 해 줍니다. 나아가 상대방으로 하여금 자신의 마음을 직접적이며 정확하게 개발하도록 고무시키는 역할을 합니다.

이와 같은 나-메시지는 보통 세 가지의 구성요소로 이루어져 있습니다.

① 문제를 유발하는 상대방의 구체적인 행동은 무엇인가?(상대방의 행동)

② 그 행동이 나에게 어떤 영향을 미치고 있는가?(구체적인 영향)

③ 나는 그 결과에 대해 어떤 느낌을 갖고 있는가?(자신의 느낌이나 감정)

나-메시지는 먼저 비난이나 비판 없이 상대방의 행동을 묘사하고 그다음 자신에게 미치는 구체적인 영향과 자신의 긍정적이거나 부정적인 느낌 또는 감정을 전달하는 세 가지 요소로 구성됩니다.

나-메시지 방식:
(상대방의 구체적 행동) 때, (행동의 결과) 때문에 나는 (자신의 느낌)이다.

나-메시지 전달방식	상대방의 기분
당신이 늦게 와서 나는 걱정을 했어요 당신이 승진을 한다면 내 마음이 참 좋을 텐데 당신이 너무 술을 마시니 나는 걱정이 돼요	

너-메시지 전달방식	상대방의 기분
왜 당신은 매일 이렇게 늦어요? 왜 당신은 아직 승진이 안 되는 거예요? 술 좀 그만 마시고 다녀요.	

건설적인 부부 의사소통방식의 이해 II(수동적, 주장적, 공격적 행동)

종류	수동적 행동	주장적 행동	공격적 행동	관련된 과거 관계패턴 찾기
의미	자신을 희생시키고 다른 사람을 우선적으로 생각하는 것	상대방을 위축시키지 않고 자신의 감정, 생각 그리고 요구를 잘 표현하는 것	다른 사람을 희생시키고 자신을 우선적으로 생각하는 것	
내용	−남편 의견에 반대하면 남편이 당신을 좋아하지 않을까 걱정됩니까? −당신을 괴롭히는 일이 생겼을 때 그저 침묵으로 일관합니까? −남편, 친구, 친지에게 '싫어요'라고 말할 때 부담을 느낍니까? −비판을 하거나 비판 당하는 것을 어떻게 생각합니까?	−당신은 과장하지 않고서도 자신감이 있습니까? −어떤 일을 잘했을 때 자부심을 느낍니까? −상대방에게 적개심을 갖지 않고 당신이 느낀 바를 그대로 이야기합니까? −동료들의 압력에 저항할 수 있습니까? −당신은 정중하게 칭찬을 해 주고 또한 받을 수 있습니까? −당신은 스스로를 존중합니까?	−요청이 아닌 강요를 하지는 않습니까? −말로 혹은 신체적으로 상대방에게 모독을 주지는 않습니까? −상대방이 당신에게 동조하지 않으면 화가 납니까? −당신은 이기는 것만이 전부이지 타협은 지는 것이라 생각하지 않습니까?	

종류	수동적 행동	주장적 행동	공격적 행동	관련된 과거 관계패턴 찾기
특징	자신의 입장을 무시한다. 상대편의 입장만 고려한다. 자신의 입장이 있음에도 불구하고 밝히지 않는다.	자신의 입장을 있는 그대로 이야기한다. 상대에게 자신의 입장을 설명한다. 상대가 내 입장을 받아들이지 않더라도 화내지 않는다. 확고한 태도로 이야기한다. 상대의 입장을 들으면서 이야기한다.	자신의 입장만 고집한다. 상대의 입장을 무시한다. 화, 분노 등으로 표현한다.	
예	부부모임에 가고 싶지 않은데도 약속한다. 그런 다음 가지 않는다.	이번엔 참석하기 어렵네요. 오늘은 혼자서 시간을 좀 보내고 싶어요. 다음번엔 참석하도록 해 볼께요.	당신은 왜 매번 그런 식이에요? 나는 가기 싫어요. 늘 혼자서 약속을 정하면 어떻게 해요?	
원인	두려움 상대방을 불쾌하게 하거나 해치지 않을까 하는 두려움 거절당하지 않을까 하는 두려움 잘못된 신념 자신이 무가치하다는 신념 자신은 아무런 권리도 갖고 있지 않다는 신념 기술이 부족하다는 느낌		불안감 또는 열등감 스스로 보호해야 한다고 생각하기 때문에 강하게 반응 망설임 공격이 주는 이점을 포기할 수 없기 때문(단기적인 효과)	

* 관련된 과거 관계패턴 이해하기는 인지 - 대인관계 치료집단에만 해당

건설적인 부부 의사소통방식의 이해 Ⅲ(주장하기, 요청하기, 거
절하기)

(1) 건설적이고 주장적인 표현의 연습

▶ 건설적이고 주장적인 표현은
- 내가 원하는 것과 필요로 하는 것을 아는 것에서 출발합니다.
- 내가 원하는 것과 필요로 하는 것을 가질 수 있는 권리를 보
  호하는 것입니다.
- 내가 원하는 것을 표현하는 것입니다.
- 내가 원하지 않는 것을 거절하는 것입니다.
- 다른 사람을 존중하는 것입니다.
- 다른 사람을 위협하거나 벌주거나 모욕하지 않는 것입니다.

▶ 건설적이고 주장적인 표현의 방법
- 부정적 감정이든 긍정적 감정이든 내가 느끼고 원하는 것을
  '나'를 주어로 이야기한다.

- 주제를 회피하거나 내가 하는 말에 사과하지 않고 내가 원하는 것과 필요로 하는 것을 단호하고 명확하게 말한다.
- 주장적인 몸짓을 사용한다: 똑바로 서서 진지한 표정으로 상대방의 눈을 보며 이야기한다.
- 상대방을 위협하지 않는다.
- 상대방의 감정과 그가 하는 설명을 존중한다.

주장행동을 하기 어려운 상황	주로 나타나는 부부의사소통방식	과거관계패턴과 관련성 탐색

* 과거 관계패턴과의 관련성 탐색은 인지－대인관계 치료집단에만 해당됨

(6) 요청하기

▶ 자신의 생각이나 의견, 느낌 등을 솔직하게 표현하지 못한 결과 원치 않는 행동을 하게 되고, 후회하는 경우가 많습니다. 남편과의 관계에서도 갈등상황에서 부적절한 공격성을 드러내거나 회피하지 않고 자신이 원하는 것을 요청하는 연습을 통해 적극적으로 자신을 표현할 줄 아는 것이 중요합니다.

▶ 실제 남편과의 관계에서 꼭 필요한 뭔가를 요청해야 할 상황을 적어보고, 그 상황에서 어떤 식으로 요청하는 것이 현명한 것인지 역할연기를 통해 연습해 봅시다.

상황	역할연기 연습	피드백

요청하는 방법

① 원하는 것에 대해 명확히 그리고 구체적으로 할 것
② 만일 요청이 거절되면 그 대안을 가질 것
③ 상대방이 거절할 때 그 거절을 받아들일 준비가 되어 있을 것
④ 상대방의 대답을 그의 성실성으로 간주하고 존중해 줄 것
⑤ 상대방의 대답에 대해 당신의 태도를 표현할 것
⑥ 거절한다고 해서 당신을 거부하는 것은 아님을 인식할 것

(7) 거절하기

▶ 자신의 생각이나 의견, 느낌 등을 솔직하게 표현하지 못한 결과 원하지 않는 행동을 하게 되고 후회하는 경우가 많습니다. 남편과의 관계에서 원하지 않는 것을 현명하게 거절하는 연습을 통해 적극적으로 자신을 표현하는 방법을 연습해 봅시다.

♠ 거절하는 방법

① '예', '아니오'를 분명히 밝힐 것. 만일 이를 밝히기 어려울 때는 생각할 시간을 가진 후 솔직하려고 노력할 것
② 대답은 간단히, 많은 변명은 필요없음
③ 상대방을 멸시하거나 창피를 주는 말은 하지 않는다.
④ 거절하는 이유를 외부로 돌리지 말고 나의 욕구나 권리에 초점을 둔다.
⑤ '미안하다'는 말은 꼭 그렇게 느낄 때 사용할 것
⑥ 상대가 거절을 받아들이지 않을 때는 내가 원하는 때 대화를 마칠 수 있음
⑦ 조용한 목소리로, 몸짓으로 말할 것.
⑧ 대안을 제시할 수 있음

▶ '아니오'라고 거절해야 하는 상황들을 적어 보고, 그 상황에서 어떤 식으로 거절하는 것이 현명한 것인지 역할연기를 통해 연습해 봅시다.

장문선

▌약력

경북대학교 대학원 심리학과 졸업(임상심리학 박사)
현) 경북대 심리학과 교수(임상심리학)
현) 마인드플러스 심리상담센터 소장
전) 대동병원 임상심리학자
현) 동서정신과학회 편집위원장
현) 한국임상심리학회, 한국 상담 및 심리치료학회,
　　한국건강심리학회, 한국상담학회 정회원
임상심리전문가(한국심리학회)
정신보건임상심리사 1급(보건복지부)
집단상담전문가(한국상담학회)
학교상담전문가(한국상담학회)

▌주요논문

성인 ADHD 성향군의 회귀억제와 반응억제 결함. 한국심리학회지: 일반, 27(1), (pp.179
－196), 2008
한국판 Conners 성인 ADHD 평정척도－단축형의 타당화 연구: 대학생 표본을 중심으로.
한국심리학회지: 임상, 27(2), (pp.501－515), 2008
성인 ADHD 경향성에 대한 웹기반 실험신경심리 연구: 회귀억제, 스트룹 및 내생－외생
주의과제. 한국심리학회지: 임상, 26(4), (pp.1039－1056), 2007
성인 ADHD 성향집단의 하위군집 탐색: 우울, 자아존중감 및 대인관계 문제를 중심으로.
한국심리학회지: 임상, 26(4), (pp.827－843), 2007
편집성향집단의 애착, 우울 및 역기능적 대인관계. 상담학연구, 8(1), (pp.147－160), 2007
기혼여성 우울증 환자의 부부문제에 대한 인지－대인관계 치료의 효과. 한국심리학회지:
임상, 25(2), (pp.299－321), 2006
기혼여성의 애착유형과 우울 및 부부문제와의 관계. 상담학연구, 6(3), (pp.1011－1024),
2005
기혼여성의 우울증상과 결혼 만족도: 내외통제성, 역기능적 태도를 중심으로. 상담학 연
구, 4 (3), (pp.577－590), 2003
기혼여성 우울증 환자의 결혼 만족도에서 역기능적 태도와 부부 의사소통패턴의 특성.
한국심리학회지: 임상, 22 (2), (pp.399－414), 2003
부부 의사소통패턴과 특징적 갈등대처방식. 한국심리학회지: 임상, 21(2), (pp.331－347),
2002
외 다수

▌저서 및 역서

저서) 성인 주의력결핍 과잉행동장애(ADHD)의 이해와 평가, 예온기획출판(2008)
저서) 일상심리학의 이해, 시그마프레스(2005)
역서) 아동기 감정양식과 성숙, 시그마프레스(2006)
역서) 로르샤하 해석의 원리, 학지사(2003)
역서) 로르샤하 워크북, 학지사(1999)

우울한 여성의
부부문제
이것이 원인이다

초판인쇄 | 2009년 6월 30일
초판발행 | 2009년 6월 30일

지은이 | 장문선
펴낸이 | 채종준
펴낸곳 | 한국학술정보㈜
주 소 | 경기도 파주시 교하읍 문발리 파주출판문화정보산업단지 513-5
전 화 | 031) 908-3181(대표)
팩 스 | 031) 908-3189
홈페이지 | http://www.kstudy.com
E-mail | 출판사업부 publish@kstudy.com

등 록 | 제일산-115호(2000. 6. 19)
가 격 | 21,000원

ISBN   (Paper Book)
      978-89-268-0102-4 98180(e-Book)